L'ALGÉRIE, ÉPERDUMENT.

Du même Auteur :

Algérie : des histoires... presque vraies ! BoD – 2020
Fêtes en Acrostiches. BoD – 2021

©2022 GéLamBre (GÉrardLAMbert BREtagne) Tous droits de reproduction, d'adaptationetdetraduction, intégrale ou partielleréservéspour tous pays.
Édition: BoD – Books on Demand

Photo de couverture :
Randonnée de 3 jours dans le Djurdjura en 1973

Impression :BoD - Books on Demand
Norderstedt, Allemagne

ISBN : 9782322412280

Dépôt légal : Mars 2022

L'ALGÉRIE, ÉPERDUMENT.

Gérard LAMBERT

À ma famille,
À mes ami(e)s,
À mes anciens élèves.

Citations :

*" L'Algérie est ainsi,
un Pays qu'on aime éperdument
et qui, lui, s'aime mal !"*

Souad BELHADDAD (2001)

*

" Dans ces pays d'Afrique du nord, la nature est éperdument grande et le ciel éperdument bleu. Une lumière vive, intense, chasse les ombres et transforme ces vastes solitudes en océans de clartés où l'homme marche sans tristesses et sans joies, comme poussé par une destinée immuable."

Alfred BARAUDON (1893)

Préface par Ali MAMMERI

Un poète kabyle du 18ème siècle, Yusuf U Qasi originaire d'At-Jennad entretenait une grande amitié avec la tribu des At-Yenni. Il expliquait ainsi cette relation combien forte avec cette contrée :

Nek d At Yenni,	*Avec les At-Yenni,*
grent tesghar.	*le sort en est jeté.*
Nitni Innu,	*Eux sont miens,*
Nek vanegh nsen.	*Moi eux.*

Il en est ainsi de Gérard Lambert qui jeta son dévolu sur un pays, l'Algérie et sur une région, la Kabylie où pendant deux ans, en tant qu'enseignant, il plongea corps et âme dans la société villageoise. Pas un aspect de la vie de cette région, ne lui est étranger : l'histoire, la géographie, les coutumes, l'art culinaire et j'en passe.

Les écrivains tels Mouloud MAMMERI, Jean et Taos AMROUCHE, Malek OUARY et tant d'autres qui ont magnifié cette région, représentent pour Gérard une source dont il s'est abreuvé sans retenue.

L'histoire de la passion de Gérard Lambert pour la Kabylie, s'est prolongée lorsqu'il a regagné sa Bretagne natale où il a noué de solides amitiés. Il a aussi déployé une activité débordante au sein de l'Association Culturelle des Berbères de Bretagne (ACBB) créée en 1995.

Avec lui, nous avons rendu hommage à la 1ère Kabyle à avoir écrit son récit de vie : Fadhma Aïth MANSOUR AMROUCHE qui repose au cimetière de Baillé (entre Rennes et Fougères) ; nous avons participé à de nombreuses rencontres avec des écrivains algériens (par exemple Rachid OULEBSIR, le paysan gardien du patrimoine de la vallée de la Soummam) ; ...

Pas moins de 400 extraits d'ouvrages qui traitent de la Kabylie dans tous ses aspects, ont été mis en ligne par ses soins dans " *Timkardhit* " (Bibliothèque virtuelle de Kabylie). Et sa base de données " **LA KABYLIE EN 7001 LIVRES** " donne les références de plus de 10 000 titres !

Après la publication de son recueil de nouvelles (Algérie : des histoires... presque vraies !), Gérard Lambert, nous gratifie à nouveau d'un ouvrage sous le titre " ***L'Algérie, éperdument.*** ". Je ne doute pas que ses lecteurs, dont je fais partie, seront enchantés de poursuivre avec lui ce voyage et surtout de partager sa passion.

Ali MAMMERI

Présentation par Gérard LAMBERT

Lors d'un entretien avec Madame Baya MAOUCHE, en 2011, j'ai dit qu'en 1971, j'avais choisi l'Algérie, comme Coopérant, en partie pour la « *réparation de ce que la France avait fait subir à ce Pays* ». Mais j'étais à peine sorti de cet entretien que j'ai regretté d'avoir employé le mot *"réparation"* car, en 1971, je n'avais pas idée de ce concept. D'ailleurs, j'avais alors peu entendu parler de la Colonisation et de la Guerre d'Indépendance.

Ce qui est sûr, c'est qu'après avoir enseigné 2 ans en Kabylie, j'ai gardé le contact avec la plupart de mes grands élèves et que *je me suis toujours senti responsable de leur devenir* et, à travers eux, de l'avenir de leur Pays tout neuf. Et, à nouveau, je le leur ai écrit au printemps 2002, après qu'eux et leurs familles m'aient chaleureusement accueilli lors de mon " *Voyage à l'envers et à l'Endroit.* "

Leur Pays, un Pays avec ses illusions et ses désillusions :

> Des industries manufacturières
>> mais des pénuries alimentaires !
>
> Des écoles en très grand nombre
>> mais qui ne sont parfois que décombres !
>
> Des mosquées à profusion
>> mais aucun bassin de natation !
>
> Une République démocratique et populaire
>> mais des arrestations arbitraires !
>
> Des milliers d'ouvrages imprimés
>> mais aussitôt remisés ou pilonnés !
>
> Un potentiel touristique
>> mais une insécurité étatique !
>
> Une forte croissance démographique
>> mais des exils souvent dramatiques !

Les années 1990 avaient été celles de la décennie noire (200 000 morts ou disparus) et la violence ne cessa pas complètement avec la *Concorde Civile* instaurée par le Président BOUTEFLIKA en 1999. En 2001, ce fut le *Printemps noir* en Kabylie : les jeunes se révoltèrent suite à la mort du lycéen Massinissa GUERMAH au Commissariat de Beni-Douala. La répression des émeutes fit plus de 100 victimes, surtout des jeunes. Si bien, que l'un de mes premiers textes fut *HALTE AUX MASSACRES !*

En 2003, je faisais une randonnée au Maroc avec notre fils Emmanuel lorsque survint le séisme de Boumerdès : (plus de 2 200 morts et des centaines de milliers de sans-abris). Je me posais des questions et j'écrivis *FATALITÉ OU CUPIDITÉ ?*

Je ne suis, sans doute, pas le seul Coopérant à vouloir, à la suite de Assia DJEBAR, une **Algérie heureuse**. Une Algérie heureuse comme celle que nous avons connue dans les premières années de son indépendance. Heureuse, grâce aux revenus du pétrole et aux infrastructures laissées par la France. Heureuse, grâce aux élites enthousiastes, francophones et plutôt laïques. Heureuse, grâce à la confiance accordée par la population au Parti libérateur : le FLN.

L'Algérie actuelle est née des Accords d'Évian signés le 19 mars 1962.
Le 25 septembre 1962, Ferhat ABBAS proclama **l'Algérie : République Démocratique et Populaire.**
Le 15 septembre 1963, BEN BELLA fut élu Président de la République.
Mais le 19 juin 1965, BEN BELLA fut arrêté par l'Armée (aux ordres de BOUMEDIENE)
C'est *" par ce putsch militaire contre un Président élu que l'Algérie indépendante a perdu sa virginité." (Amin ZAOUI)*

Ensuite les choses se sont gâtées avec, dans le désordre, l'explosion démographique, l'industrialisation étatique, l'arabisation, l'islamisation, la corruption, l'instrumentalisation, les perversions, les compromissions, les conspirations et les modifications de la Constitution.

Malgré tout cela, et, peut-être aussi, à cause de cela, j'aime l'Algérie, éperdument. L'Algérie avec ses lieux qui m'ont enchanté, l'Algérie avec ses habitants qui m'ont captivé, l'Algérie avec ses expériences qui m'ont bouleversé, et enfin l'Algérie avec ses questionnements qui m'ont inspiré.

En cela, je rejoins "**Nabile Farès qui croit en l'Algérie, éperdument,** qui se dit Algérien d'avant même l'indépendance et dont l'adolescence s'est confondue avec la guerre de libération." (André Payette en 1971)

Et je garde espoir que *AL DJAZAÏR, LE PAYS DES ÎLES soit vraiment un pays d'îles culturelles avec chacune ses spécificités.*

En cela je rejoins Mouloud MAMMERI et je me permets de le citer :
" Quels que soient les obstacles que l'histoire lui apportera, c'est dans le sens de sa libération que mon peuple -et, avec lui, les autres- ira. L'ignorance, les préjugés, l'inculture peuvent un instant entraver ce libre mouvement, mais il est sûr que le jour inévitablement viendra où l'on distinguera la vérité de ses faux semblants."

Entretien avec Mouloud MAMMERI. (Tahar DJAOUT)
Alger, Laphomic – 1987

Depuis 1987, l'Algérie a néanmoins sombré dans les abîmes car, comme l'a si bien dit l'humoriste FELLAG :
" Partout dans le monde, quand un pays touche le fond, il finit par remonter... Nous, les Algériens, on creuse !"

Un jour pourtant, il faudra bien prendre en compte les propos de la poétesse :

Un pays sans mémoire
Est une femme sans miroir
Belle mais qui ne le saurait pas.
Un homme qui cherche dans le noir
Aveugle et qui ne le croit pas.

Assia DJEBAR
1969

Dessin de Dilem (24 juin 2007)

L'ALGÉRIE EST AINSI !

L'ALGÉRIE, (*Ma mère, l'Algérie* écrivait Jean Pélégri.)

EST, depuis toujours, l'auteur de passions dévorantes.

AINSI, Rachid Mimouni, en 93, dut s'exiler :

UN déracinement fatal pour cet amoureux de sa terre. …

PAYS de toutes les convoitises, de tous les envoûtements,

QU'ON obtienne de toi quelque attendrissement !

AIME les tiens, aime tes enfants, sans réserve,

ÉPERDUMENT, comme si ton amour était leur seul bien.

ET ne néglige pas leurs élans de tendresse, leur affection. …

QUI peut vivre sans un brin de considération ?

LUI ? Elle ? S'ils l'affirment, c'est par désillusion. …

S'AIME-t-on en ton giron ? Oui, passionnément, mais parfois

MAL*, à l'image du pays et de ses lois machistes**.

GéLamBre Janvier 2004

* Verticalement phrase extraite de *ENTRE DEUX JE* de Souad BELHADDAD. (2001)

** Code de la Famille adopté en 1984.

Photos de voyage (2002)

Saïd au tableau !

Avec Si Amar, en calèche.

Enfants des Maâtkas.

Tombeau de Mouloud FERAOUN.

Photos de voyage (2002)

Les 2 Saïd et Arezki B.

Nouvelle ville de Tizi-Ouzou.

Village de Kabylie.

Kamel et moi, we like Algeria. !

Photos de voyage (2002)

Avec Mokrane, l'ex-cuisinier des Pères.

Accueil de l'Hôtel Lalla Khedidja.

Avec Aïssa dans le Djurdjura.

À Tipaza : Sainte Salsa (Malha en berbère).

Voyage en Kabylie à l'envers et à L'Endroit. GélamBre - Mars 2002.

Cela fait 28 ans que je ne suis pas allé en Algérie et en ce matin du 8 Mars 2002, j'ai l'impression de partir pour un voyage à l'envers.

Me voilà pourtant immergé dans le quotidien de RENNES avec les jeunes étudiants qui s'y rendent en train chaque matin. La plupart ont des difficultés à émerger, pour se plonger dans les cours à venir et dans ceux qui n'ont pas été révisés. Quelques-uns comparent l'heure où ils se sont levés pour bachoter. L'ambiance est feutrée et la fumée de plus en plus dense. (Pas de bruits, peu de mots échangés mais quelques walkmans avec oreillettes.) Au-dehors, alignements parfaits de lampadaires et de fenêtres de bureaux. Passage du contrôleur très efficace car connaissant les habitués et donnant les renseignements adéquats. Avant de descendre beaucoup de bisous échangés entre jeunes et poignées de mains à la mode (poing contre poing, dos contre dos, …). Y a-t-il là un sens comme dans le langage des sourds-muets ?

Au premier coup d'œil, je remarque que la clientèle est différente dans le train vers NANTES. En attendant le départ, je m'amuse à observer, sur le quai, deux "rabbins", de véritables jumeaux : mèches de cheveux bouclés sur les joues, costumes et chapeaux noirs, mêmes petits bagages à roulettes. Je jette aussi des coups d'œil réguliers vers ma grosse valise que j'ai dû laisser près des portes. Du moins jusqu'à cette mise en garde : « *Attention, ce train est sans arrêt de Rennes à Nantes !* ». Je peux commencer le livre de poche que j'ai emporté pour remplir les vides de cette journée : *Autobiographie d'un amour* par Alexandre Jardin. Ce wagon est encore plus silencieux que le 1er et lorsque je lève les yeux, j'ai le bonheur d'admirer le lever de soleil sur les marais de REDON. Dans cette lumière diaphane, tout est gris : gris le brouillard, gris les prés et les roseaux, gris aussi les quelques arbres qui cherchent à passer inaperçus dans ce décor d'album pour des histoires de korrigans, ces lutins des forêts bretonnes.

Un bruit violent me tire de ma rêverie. (Explosion ? Choc ?) Les plafonniers s'éteignent et le train ralentit. Cela m'inquiète. (*Et si c'était un gros problème mécanique ? ... je risquerais de rater l'avion ! Et si c'était des bandits qui ont profité du brouillard pour saboter la voie, prendre d'assaut ce convoi et dépouiller ces hommes d'affaires de leurs ordinateurs et téléphones portables, de leurs Euros et de leurs cartes à tout faire ... je serais dans le même panier. Et dans mon délire : Et si c'était des terroristes islamistes qui ont pris les grands moyens pour empêcher l'ancien Coopérant que je suis de revoir ses amis démocrates en Kabylie ? ... je n'aurais pas le temps de griffonner quelques mots d'adieu.*)

Mon trouble est réel. Mais comment se fait-il que personne ne bronche ? Moi aussi je reste calé sur mon siège ; le silence est d'autant plus impressionnant que la motrice ne fonctionne plus.

Après quelques minutes, même bruit sec et pourtant, il est mieux vécu car la lumière revient et la locomotive s'active à nouveau. Le voyage vers l'Algérie peut continuer et il est temps que je revoie quelques formules de politesse en kabyle et en arabe.

À la sortie sud de la gare de Nantes, je trouve déjà quelques personnes qui pourraient bien faire partie du voyage :
- Un Algérien dont j'admire l'art d'engager la conversation s'adresse à une personne qui, comme moi, attend le bus pour l'aéroport :
  - *Me voilà enfin arrivé !*
  - *Et vous avez beaucoup de bagages !*
  - *Heureusement ce n'est pas lourd mais mon frère a voulu que je prenne tout ça pour la famille au pays.*
  - *Nantes ça vous a plu ?*
  - *Oui c'est une belle ville ; elle est agréable et les gens sont sympathiques ...*

- Une famille immigrée qui s'obstine à marchander avec le chauffeur du bus :
- *On peut mettre d'abord les cabas ?*
- *Sans problème, allez-y !*

Et après s'y être mis à six ou sept pour charger quelques maxi-sacs à larges rayures croisées et dire au-revoir à ceux qui ne sont pas du voyage :
- *Deux billets s'il te plaît, monsieur le conducteur.*
- *Mais vous êtes plus de deux !*
- *Non, monsieur le conducteur, il y a moi, il y a madame, c'est tout monsieur !*
- *Et la personne âgée qui a un foulard ? Elle est avec vous ?*
- *La vieille, elle paye pas, elle a la retraite !*
- *Si elle n'a pas la carte d'abonnement, elle paie le trajet et puis pour la jeune fille, il faut aussi prendre un ticket.*
- *C'est pas possible, la fille, elle a sept ans.*

De toute évidence, elle en a au moins le double. (Il *a dit "sept ans"* et elle *a dix-sept ans !)*
- *Cela ne change rien, Monsieur, cela fait 20 euros pour quatre personnes.*
- *S'il te plaît Monsieur, 15 euros ? 15 euros, c'est bien pour toi !*
- ...

Après d'âpres discussions, le chef de famille consent à donner un billet de 20 euros tout en s'en voulant de défaire la liasse qu'il rapporte au pays.

Nous traversons quelques quartiers de Nantes que je connais à peine. Je remarque le logo de l'ancienne biscuiterie LU : le lieu unique. (C'est un U et un double L, l'un à l'endroit, l'autre à l'envers, si bien que le logo peut être lu de gauche à droite et aussi de droite à gauche.) Je cherche ce qu'évoquent les rectangles bleu-clair et blancs de l'immeuble Béghin-Say, mais oui bien sûr ! les morceaux de sucre. Une affiche du quartier Sainte-Anne vante : NOTRE PARKING COUVERT : VOTRE VÉHICULE À L'ABRI ! Sur les locaux de

Airbus Industrie, les couvreurs ne sont pas plus gros que des fourmis…

À l'aéroport international de Nantes, les employés de Khalifa Airways et les policiers sont intrigués par mon passeport. D'après eux, il expire le 12 mars. Coup de fil à l'étage et ma grosse valise peut partir. Mais à l'appel pour la salle d'embarquement, nouveau scrupule des policiers qui, pour ne prendre aucun risque, se renseignent en haut-lieu (à l'étage ?), puis me demandent de signer une décharge. Cela prend un temps fou et je ne passe le contrôle qu'au moment où les autres passagers montent dans l'avion. Le personnel me fait signe ; je suis le bienvenu.

Le trajet NANTES-TOULOUSE est vraiment très court, juste le temps d'admirer la côte vendéenne, quelques villages en étoile, (alors que mon voisin a le vertige) et nous descendons au-dessus des lotissements de villas avec piscines aussi vastes que leurs toits de tuiles.

Après une escale de 45 minutes, nous survolons les sommets enneigés des Pyrénées, la mer de nuages. Les hôtesses nous servent un repas froid mais mon voisin n'a guère d'appétit. Est-ce à cause du mal de l'air ou parce qu'il pense à sa fille hospitalisée à Rennes depuis des semaines ?

Lorsque l'avion descend, il n'est pas plus rassuré mais il se dit que ça ne va plus durer longtemps maintenant. Ce soir, il sera en Kabylie et, d'ailleurs, il profiterait volontiers de la voiture de Saïd jusqu'à Tizi-Ouzou. Moi aussi j'ai hâte d'atterrir car on m'attend. Patience, la piste n'est pas libre et l'avion fait quelques tours d'approche ce qui me permet de voir la côte, des villages d'aspect moderne, la banlieue d'ALGER, des entreprises, des autoroutes, un lac, une casse de voitures…

À l'aéroport d'Alger, le temps est gris et les forces de l'ordre très présentes à l'extérieur près des avions que l'on peut voir, tous décorés d'un aigle bleu, ceux de Khalifa Airways.

Pour le contrôle du visa, pas de complication comme à Nantes ! Un policier fait signe à une famille avec de jeunes enfants de s'avancer vers le dernier portique. Boussad les suit et m'invite à en faire autant. Non sans scrupules, je les rejoins et je gagne ainsi une dizaine de minutes. Je récupère ma valise qu'un douanier marque aussitôt d'une croix. Me voilà mal barré : elle est tellement pleine que, si je dois l'ouvrir, je n'arriverais jamais à remettre mes affaires correctement pour la refermer. Mais non ; cette croix à la craie, c'est mon laisser-passer !

Je suis les voyageurs qui ont franchi les portiques et nous voilà entre une double rangée de supporters comme les footballeurs qui entrent sur le terrain. Vite ! Exhiber la photo de Saïd ! C'est le signe convenu pour ne pas risquer de se louper ! Il y a là des centaines d'hommes mais je ne vois personne ! D'ailleurs, à quoi bon regarder les visages ? Je ne reconnaîtrais pas mon ancien élève ; cela fait près de 30 ans que je ne l'ai pas vu ! J'avance lentement, courbé sur la valise qui roule difficilement et je vais bientôt atteindre le parking lorsqu'une voix retentit derrière moi : « ***Monsieur Gérard !***». Dans cette masse humaine quelqu'un m'attend et mon cœur explose de joie. Je me retourne et là, à quelques enjambées, un homme me tend les bras. Il me salue, me souhaite la bienvenue et veut voir la photo. C'est bien lui, en gros plan avec sa mine enjouée ; il est accompagné par un grand jeune homme qui me salue avec respect. C'est son fils Kamel qui se charge immédiatement de transporter les bagages à la voiture.

Boussad m'a suivi ; commencent les palabres entre lui et Saïd pour que l'un prenne l'autre en voiture. Ce n'est pas simple car Boussad n'est plus seul : il a rencontré des amis. Saïd accepte pour Boussad mais c'est tout ; sa voiture, ce n'est pas un fourgon !

En effet, sa voiture c'est une confortable berline qui s'engage sur une autoroute à 2 ou 3 voies dans chaque sens. (Comment savoir sans marquage au sol ?) Nous traversons des villages plutôt européens où cependant de petits vendeurs à la sauvette proposent des bananes, des légumes et même des poulets vivants. Nous évoquons nos premiers souvenirs, du moins Saïd qui parle de l'école de Taguemount-Azouz, de la randonnée du Djurdjura, des baignades à l'oued… et qui calcule.

Cela fait 29 ans ! Et oui, 29 ans, une vie, surtout pour Kamel qui n'en croit pas ses oreilles, lui qui n'en a que 17 ! Moi je dirais : lui qui a déjà l'âge de son père lorsque j'étais son professeur !

Maintenant nous roulons à travers des collines verdoyantes où apparemment on ne cultive rien. Dans un virage, on me conseille de regarder à droite pour apercevoir, dans le lointain, les cimes enneigées du Djurdjura. Nous déposons Boussad à la station de taxis pour son village et Saïd m'annonce qu'il a retenu une chambre dans un très bon hôtel et que nous y passons maintenant pour laisser mes bagages. Lalla Khedidja, c'est en effet un très bon hôtel construit dans les années 70 et c'est un véritable appartement qui m'attend. C'est trop !

Nous arrivons discrètement chez Saïd qui rentre la voiture dans son garage et m'invite à le suivre à l'étage : là nous attendent sa femme, leur fille Dihya et le petit frère Zinou. (Diminutif de Zinedine ?) Nous faisons le tour du propriétaire : plusieurs pièces toutes carrelées et meublées. De retour dans le salon, Saïd me propose un apéritif et à table de nouveaux souvenirs lui reviennent à l'esprit : les nombreuses heures de travail, le froid dans le dortoir, la Deux-Chevaux du Père Élan, et la participation financière pour la chorba collective. Pendant le repas, Mohamed H. appelle de Tipaza pour m'inviter. (Il insiste : si je ne peux y aller, il faut le prévenir pour qu'il vienne en Kabylie !)

De retour à l'hôtel, il est déjà tard lorsque j'allume la télévision pour découvrir l'unique chaîne algérienne. (C'est mon choix !) Sur le petit écran : défilés de mode, musique genre Chaâbi, sketchs, chansons (reprises d'Oum Kalsoum ?) et interviews. (Je ne comprends pas grand chose tandis que le présentateur cherche ses mots en arabe et utilise des mots français tels que *accessoires*.) Ensuite lecture psalmodiée du Coran (impression de quiétude) et discussion entre femmes accompagnées de petites filles sages, bien sages (trop sages).

*

Et le <u>lendemain matin</u>, émission documentaire sur les multiples utilisations du plastique pour la culture sous serres de tomates, de poivrons, de piments, de fraises... Jugez-en vous mêmes : le plastique peut servir pour la couverture, le palissage, le paillage, l'arrosage... et même le conditionnement chez l'épicier : ce sachet noir à tout faire. (Et ce merveilleux plastique, d'où vient-il ? Du pétrole dont l'Algérie regorge ! Et où finira-t-il ? Dans les tas de détritus où il mettra des dizaines d'années avant de se décomposer !)

Le petit déjeuner est servi dans une salle décorée de quelques fleurs artificielles alors que le mur entre la piscine et la ville est jaune de jasmin. J'apprécie le lait mais ce n'est pas le cas d'un client qui proteste car « *c'est de l'eau !* ». Je prends mon temps alors que les nuages font une chape sur la ville. Aznavour chante : *Mon Amérique...* . Mon Amérique à moi ... c'est ici !

Saïd passe me prendre et m'annonce que nous partons tous les deux pour Taguemount-Azouz. Je n'ai pas eu le temps de contacter Rachid et Arezki au village. Nous voici déjà à BENI-DOUALA dont l'entrée est ornée d'un grand panneau en souvenir des personnalités locales : Ali LAÏMÈCHE, Mouloud FERAOUN, Lounès MATOUB et Fadhma AÏT-MANSOUR.

De Beni à Taguemount, on a l'impression que le trajet s'est allongé car la route est partout bordée de constructions récentes. De plus, des travaux de canalisations l'ont rendue carrément impraticable et les suspensions souffrent. Alors que nous demandons à des villageois où garer la voiture, passe un jeune qui se propose de nous faire visiter l'école des Pères. Cela lui est possible car il y habite en famille.

Le portail franchi, nous voici tous les trois dans un lieu connu de chacun : moi pour y avoir enseigné, Saïd et Mokrane pour y avoir été élèves à 15 ans d'intervalle, l'un en pré-professionnel, l'autre en primaire. Les enseignantes en robes kabyles et *foutas* (sur-jupes aux rayures verticales où les tons orange dominent) viennent nous saluer. C'est l'heure de la récréation et les élèves sont en train de discuter, de jouer à l'élastique... La nouvelle directrice nous fait remarquer l'architecture extérieure qu'elle compare avec les photos que j'ai rapportées pour nous montrer que le lieu n'a pas été reconverti. Bien sûr, le dispensaire a laissé place à une extension de l'école, des bureaux ont été aménagés dans la grande salle et le dortoir vient d'être démoli… mais le toit est toujours orné du clocheton (sans cloche), les mêmes dalles recouvrent le sol du bâtiment centenaire, et dans les classes, tout est resté à l'identique. Évidemment celles-ci auraient besoin d'être rénovées : poignées de portes manquantes, vitres fêlées, plâtres à nu, tableau délavé à force d'être effacé… Pourtant comment exprimer l'émotion de Saïd lorsqu'il prend la craie et écrit la date du jour : <u>Samedi le 9 mars 2002.</u>

Accompagnés de la directrice, nous contournons le nouveau bâtiment pour arriver dans le jardin où Mokrane nous attend pour nous montrer les aménagements qu'il a faits (parfois sans l'accord du comité de village qui, selon lui, voudrait faire de ce lieu, un musée !). Il me montre sa chambre (la mienne) et sa maman me propose d'y dormir le soir-même. Elle nous sert des crêpes traditionnelles (*msemen*) alors qu'avec notre hôte, nous parlons de la fuite des diplômés pour l'étranger.

Mokrane nous accompagne à TAOURIRT-MOUSSA. Pour Saïd, c'est un moment fort car il n'a jamais osé venir rendre hommage au chanteur dont le portrait est en bonne place dans son salon. Et là, il veut tout voir : les impacts de balles sur la voiture, les objets appartenant à l'artiste, les photos et les textes de l'expo, le vrai tombeau et le mausolée construits par les gens du village… . Je suis impressionné par la démesure du monument et je préfère garder le souvenir de Lounès vivant et oeuvrant pour la bonne cause, par exemple en compagnie de Danièle MITTERRAND… Avec les responsables de la Fondation Matoub Lounès, une discussion s'engage sur l'influence de la presse notamment de l'importance de la Une par rapport aux ventes et au climat d'insécurité. « *Un massacre en gros titre, ça justifie aussi la présence des forces de l'ordre !* ». Saïd, ému n'arrête pas de parler alors que l'après-midi est bien entamée.

Nous prenons congé et de retour vers Taguemount, j'admire sur les arêtes, les villages de Aït Bou Yaya et Aït Khalfoun ; ils ont beaucoup grossi ! J'ai montré à Mokrane une photo de l'huilerie du village prise en 1973 ; il me dit qu'il me faut absolument faire la connaissance du vieux qui a encore une huilerie en activité. De fait, nous le trouvons sur sa couche, près d'un maigre feu à côté de la meule et des paniers de la presse hydraulique. Il nous explique la fabrication de l'huile d'olive mais il est désolé de ne pas avoir assez travaillé cet hiver car la récolte a été bien maigre. Je prends quelques photos et il m'en demande une de lui avec son compagnon : son transistor.

Le soir, Saïd, essaie de me faire dire devant sa femme, qui parle français couramment, les quelques mots de kabyle que j'ai appris avec lui dans la journée mais ce n'est pas facile. Tout juste si je me souviens du nom des crêpes locales : *Msemen*.

*

Le <u>dimanche 10 mars</u> au matin, la télévision propose un jeu de questions avec appel possible de téléspectateurs. (Résultat : des coups de fil interminables avec salutations pour les parents des parents et les amis des amis !) Les artistes et les techniciens semblent novices : les caméras ont la "bougeote" et c'est du play-back. (La musique continue alors que le musicien s'est arrêté de jouer ; on entend même la chanson alors qu'à l'évidence, la chanteuse a oublié les paroles !)

Pendant le petit déjeuner, c'est encore Aznavour « *Non, je n'ai rien oublié, rien oublié...* » Moi, non plus ! « *Je sais qu'un jour viendra...* » Moi, aussi ! Et lorsque Saïd passe me prendre, j'ai le cœur en joie. Et comme il fait beau, nous allons nous balader : direction TIRMITINE à une dizaine de kilomètres de Tizi, une nouvelle commune dont le président d'A.P.C. est un ancien élève. Mais il est absent et je n'en saurai pas plus car Saïd joue le mystérieux et me cache l'identité de cet élu. J'aurai quand même vu les orangers à la sortie de Tizi et de plus en plus d'oliviers à l'approche du village. La production fruitière n'est pas anéantie mais elle souffre d'un manque d'entretien.

Pour déjeuner nous grimpons au Beloua et nous commandons une pizza à l'hôtel Amrouane. Saïd parle politique et vante l'intégrité du président assassiné Boudiaf. Il rapporte aussi ces prémonitions attribuées à De Gaulle : "*Après 10 ans d'indépendance l'Algérie aura dilapidé ce que nous laissons ; après 15 ans elle aura épuisé son pétrole ; après 20 ans ce sera la guerre civile !*". Enfin il regrette le temps où il était possible d'obtenir un visa touristique pour la France ; maintenant on se sent prisonnier dans son propre pays !

L'après-midi, je sors pour acheter **Le Matin** à crédit (je n'ai pas encore changé mes Euros) et je m'installe pour lire dans le hall de l'hôtel… Surprise ! Trois personnes me demandent au réceptionniste. Je n'en reconnais aucune. Un homme d'une quarantaine d'années, presque chauve s'avance en premier et me salue à voix feutrée : « *Bonjour Monsieur Gérard, vous vous rappelez de moi ?* » Eh bien non je ne me rappelle pas. « *Vous êtes venu pour me voir ce matin à Tirmitine !* » Me voilà plus avancé ! « *C'est moi Saïd S. ; c'est Saïd I. qui m'a prévenu que vous étiez ici.* » C'est ainsi que, le petit de la classe, je le retrouve maire après avoir été professeur de maths à Brest puis en Algérie, d'abord en français puis en arabe. Nous nous installons pour regarder les photos : sa petite taille et ses pulls colorés facilitent le repérage.

Nouvelle visite: celle de Ramdane, intimidé car guère habitué à des endroits aussi luxueux. Son grand fils Ahcène l'accompagne. Ils finissent par accepter de prendre une boisson au bar ; il faut reconnaître que le serveur est venu plusieurs fois nous demander ce que l'on désirait. Saïd les reconduit à la sortie de la ville et nous allons chez lui.

J'ai ramené le CD : *À l'ombre de l'olivier.* Ces comptines en français, en arabe et en berbère sont très appréciées par toute la famille et on me dit qu'on ne peut trouver rien de tel en Algérie. On écoute et réécoute *Atas Atas Amimmi* (Dors mon petit), **Dounia** (la vie) et **Goula** (l'ogresse). La discussion est sérieuse avec Saïd (éducation, alcool…). Un jour, je lui aurais écrit qu'il réussirait dans la vie grâce à sa franchise. C'est le moment d'être franc avec lui et de lui demander d'être franc envers lui-même. Il peut bien connaître un octogénaire qui a toujours bu et fumé. Cela n'enlève rien au fait que des dizaines de ses amis buveurs et fumeurs sont morts jeunes.

La discussion s'engage aussi avec Kamel et Nessim, son frère ; celui-ci relate les jets de pierres contre les gendarmes. Comme j'essaie de savoir quand ont eu lieu ces émeutes, Kamel intervient pour dire que tout ça, ce sont des bêtises. Comme si c'était un sujet tabou ! Et nous nous intéressons alors à l'école. Nessim est aussi critique : le tableau est tombé depuis des jours et personne ne l'a remis en place ! D'après ce que je comprends, il y a beaucoup de laxisme et les professeurs sont souvent chahutés.

*

D'ailleurs, le <u>lundi 11 mars,</u> grève des enseignants. Je l'apprends en écoutant la radio qui passe aussi *La vie ne vaut rien* de Alain Souchon *mais rien ne vaut la vie !* Je décide de sortir en ville pour acheter des cartes postales et des timbres. Je marche longtemps sans rien trouver ; c'est trop tôt ! J'essaie alors de dénicher seul le magasin de Saïd. Au bout d'un moment, je me résous à demander à un policier : c'est à l'opposé ! Cela ne fait rien ; je passe devant le marché : légumes, sardines, épices et *achouma* (tabac à priser). Je trouve un petit horloger pour réparer le bracelet de ma montre et un petit cordonnier pour recoller les semelles de mes chaussures. J'entre dans une librairie qui propose des livres en français sur la culture berbère mais où on ne vend pas de cartes postales. Sur un trottoir, un bouquiniste a étalé ses trésors dont *TUSNAKT S WURAR* (Mathématiques récréatives) de Hend Sadi. J'ai toujours aimé les énigmes logiques et j'étais loin de penser qu'il en existât (exister au passé du subjonctif, s'il vous plaît) en kabyle. On finit (finir au présent ou au passé simple, comme vous voulez) par m'indiquer où trouver des cartes à envoyer. Et lorsqu'enfin j'arrive chez Saïd, il est inquiet pour moi car à l'hôtel, on lui a dit que j'étais sorti depuis plus de deux heures.

Nous partons pour son village natal où il a une course à faire. De la route principale, on distingue nettement les maisons récentes édifiées au bord de la route et les maisons anciennes tassées sur la colline. Pendant notre absence, Si Amar et Abdelkrim ont essayé de me joindre. Nous les rappellerons en soirée… . Nous reprenons la route du village pour voir si l'ami est de retour et nous poursuivons la route jusqu'au tombeau du père de Saïd. L'endroit est isolé et merveilleusement situé ; la vue est imprenable : en contre-bas, Tizi-Ouzou et, au-delà, les monts Erdjaouna El-Bour. Mais le fils préférerait un endroit plus accessible et plus civilisé ; pourquoi pas avec des allées tracées au cordeau et des fleurs !

À 15 heures, je reçois un coup de fil à l'hôtel : c'est Saïd qui me prévient que ça chauffe centre ville, que je ne dois pas aller de ce côté et qu'il viendra me prendre pour le souper. Je reste à discuter avec le réceptionniste. Pour lui, la stagnation du pays vient de la négligence des citoyens. « *Si quelqu'un fait mal son travail ça se retourne contre la structure ... . Par exemple si un standardiste ne transmet pas un message, le client fera de la contre-publicité pour l'établissement !* » Ne serait-il pas en train de se disculper ? car, la veille, Abdelkrim avait demandé de me communiquer sa proposition d'un rendez-vous le 16 et on ne m'avait rien dit !

Dès 18 heures Saïd est là. Il n'a pas la même analyse: le responsable de la crise, c'est le pouvoir qui entretient la crise économique et les divisions. Déjà Boumediene a détruit les structures vitales du pays par la nationalisation de tous les secteurs productifs. Participer aux chantiers de la révolution agraire, c'est pour lui, participer au massacre de l'Algérie !

Facile à dire avec 20 ans de recul ; le monde a changé et le modèle socialiste a disparu. Écoutons les jeunes parler de ce qui les fait rêver. Pour Kamel (17 ans), les vêtements de marque, le sport, les sorties et les voyages. Pour Nessim (14 ans), le sport, les héros comme Massinissa ou Jugurtha, les martyres comme Lounès Matoub et les affrontements avec les gendarmes. Provocation d'un ado envers son père ou réelle envie de venger ses amis morts depuis avril 2001 ? Leur père se plaint de leur manque de motivation. Il a beau leur faire la morale. À mon avis, la raison ne suffit pas pour motiver des jeunes qui vivent dans un monde d'images. Il faut prendre en considération leur affectivité ; autrement dit, il faut leur montrer ses sentiments et leur accorder de la considération. Il faut aussi leur donner des repères car si les images négatives pullulent, les images positives sont plutôt rares sur le petit écran et dans la société (tricherie, violence, irrespect, pornographie, …). En Algérie, le Raï aurait une influence néfaste sur les jeunes en vantant une grande permissivité sexuelle. En France , il me semble que le principal danger est la banalisation du commerce de drogue dans les "rave-party".

Pas de médisance envers le standardiste ! Lorsque je reviens à l'hôtel, il m'annonce le coup de fil de Aïssa qui va rappeler à 21 heures. Et il est ponctuel Aïssa ; c'est aussi lui qui est le plus fidèle à écrire en Bretagne. Il me propose de passer me prendre jeudi pour nous rendre à Tizi-Hibel. Si je pouvais aller à Aït-Mesbah, j'essaierai de rencontrer Arezki H. Cela devient urgent ; je suis fatigué d'être à Lalla Khedidja même si j'ai maintenant une chambre avec terrasse donnant sur un magnifique palmier.

Au lit, je repense à ce que Saïd disait des années 70 « *On était jeunes et naïfs ; on ne connaissait rien de la vie.* » Et je crois qu'il avait raison mais la connaissance aide-t-elle à vivre heureux ?

Fermons les yeux et observons... les images qui défilent :
- Celles des fusées qui ne décolleront jamais tel cet immeuble tout en haut de Bou Assem. (surréaliste !)
- La tête du vendeur de souvenirs lorsque, pour tromper sa curiosité, je lui ai dit que je venais prendre ma retraite en Kabylie.

*

Le sommeil n'a pas tardé à venir et je ne sais pas à quoi j'ai rêvé mais <u>au petit matin</u>, je fais une rencontre affriolante : une jeune femme sort de la chambre en face ; son corps est à peine couvert et le soutien-gorge brodé aimante le regard. (À votre tour de fermer les yeux !) Dans un demi-sommeil, elle me demande : « *Achral Saa ?* ». Je fais une tête d'ahuri : dans mon émoi, j'ai oublié qu'ici on ne parle pas que français. Elle me repose la question et je m'excuse de ne pas comprendre. À son tour, elle utilise le français pour me remercier de bien vouloir lui indiquer l'heure. Pas de quoi s'émouvoir !

Petit déjeuner à L'ENDROIT : un café largement ouvert sur la rue entre la Grande Poste et la Mosquée. L'accueil est jovial, le service rapide et les prix affichés. Et chacun sait ce qu'il a à faire : prise des commandes, préparation, service, encaissement.

Je continue à parcourir la vieille ville. Une banderole barre l'une des rues : KABYLIE, MON AMOUR. Et sur l'immeuble voisin une inscription indique l'auteur de cette déclaration : *Pour toujours fiers d'être Kabyles, les géants d'Afrique* c'est-à-dire la J.S.K. (Jeunesse Sportive de Kabylie)

Par curiosité, j'entre dans un magasin de meubles ; le style est européen et la fabrication artisanale : du beau travail pour un prix qui me paraît raisonnable mais il faut arrêter de comparer avec le revenu moyen en France ! Comme objets de décoration intérieure, ce commerçant propose des vases émaillés. Dommage qu'il n'en ait que de grande taille.

Je reviens à l'hôtel pour y trouver Si Amar. Ce <u>mardi 12 mars</u> il a rendez-vous avec un rhumatologue de l'hôpital. Nous prenons un fourgon qui nous amène à l'ancien sanatorium. Et là, il nous suffit de suivre la flèche rouge, le long de couloirs sombres pour faire partie de la cohorte des patients sur un palier. L'attente est moins longue que ce l'on pouvait craindre mais au bout du compte mon ami a été reçu par un infirmier qui lui a remis sa conclusion sous pli : rendez-vous avec le rhumatologue en septembre, c'est-à-dire dans 6 mois ! Ce n'est pas possible d'attendre cette date : Si Amar souffre au point de ne pas pouvoir se servir de son bras ; il demande à voir le responsable du service. Suite à son insistance, celui-ci le reçoit et lui conseille de s'adresser à un spécialiste en ville et il lui donne ses coordonnées.

Au retour, nous passons par le centre culturel Mouloud Mammeri ; à l'extérieur, des groupes d'étudiants en discussion ; à l'intérieur, des bureaux fermés (il est près de midi.) Dommage, j'aurai voulu connaître les conditions pour fréquenter la bibliothèque ! Sous un préau, le carrosse du film *La colline oubliée*. (Cela plaît à Si Amar comme cadre pour une photo ; le planton nous donne l'autorisation.)

Nous trouvons quelques boutiques ouvertes au Centre Artisanal ; vitrines de bijoux, de robes kabyles, d'instruments de musiques, d'objets en bois ; présentoirs de cartes postales anciennes, de porte-clés…

Je voudrais lui faire connaître le café L'ENDROIT et lui voudrait me faire découvrir un fast-food, version algérienne. Nous allons à l'un et à l'autre. Au fast-food, au choix : salades, poulet, grillades, frites… Et pour entamer l'après-midi, nous décidons de nous asseoir, à la terrasse de la Grande Poste pour siroter un thé (du moins, une tisane car c'est un thé en sachet !)

À 14 heures pile, des bandes de jeunes arrivent en courant pour s'engouffrer dans la Grande Rue…. La riposte ne se fait pas attendre, nous sommes aussitôt incommodés par les gaz lacrymogènes. Je préfère remonter à l'hôtel et mon ami rentre au village, non sans me redire qu'il m'y attend (le samedi suivant ?).

J'écris quelques cartes et je prends des nouvelles de Bretagne. Notre fille Lucie m'apprend le décès du mari d'une collègue. Pour engager la conversation, je demande au concierge à quelle heure le Président doit prononcer son discours à la télévision. Officiellement à 13h30 mais il est déjà près de 15h. Nous parlons des conditions de travail et il m'explique que cet hôtel fait partie de la chaîne E.K.T. qui est en souffrance depuis 1990 et que, pour cette raison, la convention n'a pas été revue et les salaires sont très faibles. Lui et ses collègues comptent sur les pourboires qui sont à la libre appréciation des clients. Et parmi ceux-ci, les parvenus ne sont pas bien généreux ; par manque d'éducation ils restent près de leurs sous. Il m'explique la politique de la chaise : celui qui a une bonne place la garde jusqu'à ce que son fils soit en mesure de le remplacer et en attendant, ce fils chéri est conditionné pour rentrer dans le moule.

Le discours du Président est imminent puisque voilà l'hymne national interprété par un orchestre et des choristes. Le Président Bouteflika a la mine grave, il ne chante pas, la plupart des députés non plus. Ses premiers mots sont suivis par un silence de quelques secondes (une minute symbolique ?) et c'est parti pour un long exposé. Le vocabulaire est probablement soutenu car le soir, la traduction est hésitante et truffée de mots rarement utilisés comme *obéré* (et pour vous éviter de prendre le dico, ça signifie *qui est couvert de dettes*).

Chez Saïd, le repas est succulent (salade de crudités et couscous aux jeunes fèves) mais rapidement ingurgité car l'odeur des lacrymogènes arrive à la maison. On "réquisitionne" une voiture avec chauffeur pour me déposer illico à la porte de l'hôtel. Saïd savait ce qui se passait car avant le repas, il avait interdit à Kamel de sortir même si celui-ci avait trouvé un bon prétexte : aller chez le coiffeur. À mon égard, il préférerait que je sois ce soir dans un village tranquille et je le rassure en lui confirmant que Rachid C. m'attend à Tizi-Hibel le surlendemain.

Je tombe de sommeil et je m'endors dès 8h. Si bien que je me réveille avant le lever du jour et que j'ai tout le temps voulu pour écrire des cartes et continuer ce journal. Je me souviens que le concierge m'a parlé de l'éducation de ses enfants. Il a voulu qu'ils fassent tous des études et pour cela il les récompensait en fonction de leurs résultats. Pour le BAC, il leur a même ouvert un compte en banque. Mais avant, il leur a demandé de limiter leurs activités extérieures aux études, aux relations d'amis y compris entre garçons et filles et au sport. Je me souviens aussi des déboires de Si Amar : décès de son père, échec scolaire dû à l'arabisation, formation de menuisier interrompue par le service militaire, ouvrier coiffeur mais difficultés pour vivre en ville, ouverture d'un salon vite déficitaire, reprise du petit commerce familial... ; à suivre.

*

En ce <u>matin du 13,</u> la télévision diffuse une interview d'un ministre : c'est le point de vue officiel sur la situation intérieure.

« ... Nous sommes condamnés à trouver une solution. Dans l'Algérie profonde, les choses bougent : en 2001, il a été distribué 5 fois plus d'argent qu'en 1999. Dans l'Algérie profonde, l'espoir revient et l'agitation est le résultat de 20 ans de désinvestissement et de 10 ans de terrorisme. Il n'y a pas d'antinomie entre le système des archs et la modernité car cette tradition a toujours existé ; par exemple le maire d'un village ne prend pas seul les décisions : il se réfère aux sages du village. D'ailleurs dans le nouveau Code

communal on obligera l'A.P.C. à consulter les associations, les comités par exemple celui des parents d'élèves.

Sur le million d'armes qui circulent depuis l'armement des populations pour lutter contre l'islamisme, quelques-unes ont été utilisées pour des actes de banditisme. Elles ont été retirées dans certaines régions ; là il n'y a plus à craindre les terroristes et les citoyens qui en ont fait mauvais usage. La criminalité armée est un fait social qui existe dans tous les pays. Nous allons devoir affronter les conséquences psychologiques du terrorisme sur les jeunes générations...

La réforme de l'enseignement se met en place progressivement. Les jeunes sont perdus par le manque d'emploi. Le développement local crée de l'emploi, améliore les conditions de vie au quotidien et favorise l'investissement. Nous continuons la réhabilitation des quartiers déshérités de Constantine, Oran et Sétif avec relogement des gens des bidonvilles. Les programmes communaux de développement de 2002 sont lancés sauf à Alger et à Tizi. Les programmes nationaux (barrages, ...) vont l'être après résolution de problèmes financiers.

En ce qui concerne la privatisation, c'est selon les opportunités : les partenaires étrangers ne font pas de cadeaux ! En fait, les capitaux européens vont de préférence vers l'Europe centrale. La bataille est pourtant perdue par les islamistes : ils sont rejetés par la population. Mais donnons du temps au temps. Les élections locales auront lieu en octobre. L'impartialité n'est pas facile ; cependant arrêtons de suspecter tout le monde. »

Aux premiers rayons du soleil, c'est un nouveau jour, une nouvelle ville : les rues ont été lavées. Je descends jusqu'à la station des fourgons pour Aït-Yenni et à proximité je cherche un promontoire pour une photo des quartiers nord.

De retour centre ville, un jeune s'amuse à allumer une bombe lacrymogène qui traîne ; on ressent tout de suite un désagrément et de l'inquiétude chez les passants (enfants, travailleurs, vieillards). Je m'éloigne et dans la foule, j'attends le moment adéquat pour une photo de la place de La Poste, c'est-à-dire que personne ne passe trop près de l'objectif.

Comme convenu, Saïd m'accompagne chez les Pères-Blancs. Présentations faites, ils cherchent dans l'annuaire de leur Ordre, la trace de ceux que nous avons connus. Notre ancien directeur serait décédé et le Père Élan en retraite près de Pau avec ses 90 ans. Nous visitons la bibliothèque de prêt pour les étudiants anglophones essentiellement de futurs professeurs d'anglais ; elle est riche de centaines d'ouvrages parfaitement classés et équipés d'un code-barre tout comme les cartes des adhérents. Du beau travail fait maison ! Et ils espèrent faire la même chose pour les étudiants en médecine ; ils ont les fonds, les livres ; manque l'espace !

Je récupère quelques ouvrages anciens : monographies et fichiers F.D.B.. Autour d'un thé, nous parlons des difficultés de vivre ainsi, sans pouvoir aller et venir librement. Mais les choses vont peut-être évoluer : le centre culturel français de Tizi ne doit-il pas rouvrir après d'importants travaux ?

C'est en taxi que nous allons à l'école de Dihya. *Arc-en-ciel* : école associative où la langue d'enseignement est le français, école installée dans un immeuble pareil aux autres, école mais aussi collège et lycée puisque des jeunes doivent passer le BAC en 2003. La rencontre avec le directeur et les enseignants est très rapide car c'est l'heure de la cantine. D'ailleurs Dihya fait encore des siennes et demande à son père de la ramener à la maison pour le repas. Elle prétexte qu'elle n'aime pas le riz ; du tac au tac je lui demande comment elle ferait si elle vivait en Chine.

Cela arrange bien son père qui a prévu que nous allions faire des grillades chez Smaïn à Tirmitine. Le voici cet ami professeur d'université et soutien de l'école Arc-en-ciel. Au café voisin, la discussion s'engage rapidement sur le discours présidentiel et Smaïn n'est pas d'accord sur les interprétations hâtives qui en sont faites. Nous achetons quelques tomates et de la viande. Le barbecue est rapidement allumé dans la cour bétonnée d'une villa à l'aspect colonial ; la table est dressée sous un citronnier. À l'ombre on apprécie la boisson fraîche, la viande cuite à point et savoureuse. Le rangement est rapide car Saïd veut faire les démarches pour la vente de sa voiture. Son neveu a trouvé un acquéreur au marché de l'occasion de Draâ Ben Khedda.

On me dépose à l'hôtel et à l'accueil quelque chose me choque : le panneau qui souhaite la bienvenue est écrit en arabe, en français et en anglais mais pas en tamazight. J'en fait part à un responsable qui me dit que ma suggestion est judicieuse. Je lui demande aussi quelques explications sur les outils et objets kabyles qui ornent l'établissement : un métier à tisser, des *ikoufanes* (réserves pour les figues sèches, l'orge, …), des jarres, des meubles sculptés de soleils et de losanges, des bijoux anciens… De quoi ouvrir un écomusée !

Mais voici Arezki B. qui me propose son studio. Je lui montre des photos où il a du mal à se reconnaître sans lunettes. Il m'emmène au studio ; en fait un appartement de fonction de type 1 : grande pièce à vivre, cuisine et salle de bain séparées, et même un jardin. Seule la cuisine est utilisée par deux de ses collègues qui y prennent le repas de midi. Comme beaucoup de choses qui dépendent d'une administration, l'entretien est négligé : cela fait un mois qu'il est impossible de fermer le robinet d'eau froide. À défaut de l'intervention du service d'entretien, Arezki a limité le gâchis en fermant l'orifice avec une fourchette solidement attachée au robinet.

Comme logement, il y a mieux mais je préfère donner l'équivalent du prix de la chambre d'hôtel à quelqu'un qui est dans le besoin. (Besoin = mot à utiliser au singulier pour ne pas commettre la même erreur que Si Amar « *Je ne viens à Tizi que pour mes besoins.* »). C'est décidé : je m'installe ici dès aujourd'hui. Il reste à savoir si le gérant de l'hôtel va me faire payer la nuit à venir : il est déjà 15h et la chambre aurait dû être libérée pour midi. Je pose la question avec formule de politesse : c'est bon ; il n'y a que la nuit précédente à régler. Arezki sort son portefeuille et racle le fond de ses poches ! On se retrouvera !

Pendant mon déménagement, il parle de son travail à l'école paramédicale, de ses responsabilités en matière d'hygiène, de son cousin

Si Amar à qui il aurait pu faciliter la consultation à l'hôpital car dans le personnel, il y a plusieurs de ses anciens élèves. Je dépose la valise et nous rejoignons Saïd pour l'informer de ma nouvelle adresse et prendre un verre, ville nouvelle.

Chez lui, les enfants se sont habitués à ma présence quotidienne et Zinou accepte que je le prenne dans les bras. Lorsque Saïd évoque le "Petit Monstre", Dihya cherche à en savoir plus comme d'habitude. Il faut reconnaître qu'elle parle français comme si c'était sa langue maternelle et qu'elle devine nos sous-entendus. Un invité s'annonce : c'est Madjid. Il paraît très jeune par rapport à nous ; il est contrôleur dans le bâtiment et travaille pour l'université. Il peut nous donner quelques nouvelles de Rachid B. qu'il a vu à Paris en 2001 et il en demande de Robert DELRI"OU" (toujours cette difficulté à prononcer le son "EU").

En me ramenant au studio, il propose de me prendre un jour pour aller ensemble à la maison qu'il fait construire à Tipaza. Rien de mieux pour rendre visite à Mohamed H. ! Il fait un détour pour me faire remarquer des immeubles récents et il est plutôt fier de l'urbanisme actuel.

Une surprise m'attend au "studio". Disons plutôt l'inverse : mon arrivée au "studio" crée la surprise chez une vigoureuse population de cafards. Il me faut de la persévérance pour rendre le "studio" habitable :
- recherche d'une serpillière
- lessivage du sol
- rinçage à l'eau claire
- constat que la réserve diminue (et pourtant il y avait des seaux et plusieurs bouteilles)

Il faut donc trouver des astuces pour économiser :
- Ne jeter l'eau qu'après 2 usages par exemple se laver les mains et rincer la serpillière. Est-ce conciliable ? ou y-a-t-il un problème d'ordre ? (Si je commence par rincer la serpillière, l'eau ne sera plus assez propre pour me laver les mains ! Si je me lave d'abord les mains, comment rincer la serpillière sans les salir à nouveau ?)

- Garder systématiquement les eaux sales pour les jeter dans la cuvette des WC au moment opportun.

Heureusement le frigidaire contient de l'eau fraîche et c'est bon après 2 heures de ménage. La cuisine attendra demain s'il y a de l'eau au robinet. Pour les piles du walkman, il faut aussi ruser. En les mettant sur le radiateur pendant la nuit, elles retrouvent suffisamment d'énergie pour que je puisse me réveiller en compagnie des enfants *À l'ombre de l'olivier.*

*

<u>Ce jeudi 14</u>, préparons les affaires pour Tizi-Hibel. À propos des "animaux de la nuit", j'ai l'idée de laisser allumé partout et de remplacer les ampoules défectueuses. Lorsque l'eau revient ça crache, ça vrombit de partout : impossible de l'arrêter ; la pression est trop forte. J'enlève la fourchette qui obstrue le robinet et j'essaie de mettre à la place un sachet en plastique. Il se gonfle d'eau et m'explose à la figure. Je n'arrive pas à admettre un tel gaspillage. Que faire ? Je cherche un robinet d'arrêt. Rien dans l'appartement. Voyons à l'extérieur. Aïe ! Ici aussi, il y a des orties. Perché sur une chaise, je trouve une vanne. Elle est à moitié cassée et dure à tourner mais ce que je parviens à faire ralentit l'écoulement. C'est déjà ça ! je gaspille dix fois moins !

Dans un kiosque, j'achète des piles et des cartes assez modernes de Kabylie imprimées à Oran par les établissements Bakhti (fondés en 1962). Dans une épicerie, un pain kabyle. À L'Endroit, un double-lait. Et dans une librairie, trois romans qui épuisent ma monnaie.

En attendant l'arrivée de Aïssa, j'ai de quoi m'occuper, installé au soleil. Je n'en profite guère car voici une superbe voiture et l'on m'invite à mettre mon bagage dans le coffre et m'asseoir sur un siège parfaitement galbé. Aïssa est un inconditionnel de Matoub Lounès (il a plusieurs copies de ses cassettes dans des boîtiers bariolés). Il me fait remarquer avec tristesse que la stèle érigée sur les lieux de son assassinat a été démolie.

À notre arrivée à Tizi-Hibel, nous sommes accueillis par Rachid C. dans son ample burnous brun. Il est rapidement rejoint par Slimane O. dont je n'ai aucun souvenir bien que, d'après lui, Monsieur Robert et moi nous sommes allés porter son livret scolaire chez lui. Nous empruntons une "*rotte*", c'est-à-dire un sentier tel que ceux que j'empruntais enfant pour rendre visite à mes grands-parents. Elle se faufile entre des maisons, des jardins, des arbres fruitiers jusqu'à une villa construite en contre-bas du village. L'endroit est tranquille et la vue sur le Djurdjura splendide.

Je dépose mes affaires et nous partons tout de suite, pour la maison de la famille Aït Chavane, car voilà 40 ans que Mouloud FERAOUN a été assassiné et des dizaines de jeunes sont venus lui rendre hommage. Ce sont pour la plupart des étudiants de l'université Mouloud MAMMERI de Tizi-Ouzou. Sur une petite terrasse, je me retrouve avec les organisateurs qui sollicitent mon témoignage. J'improvise : «*Si je suis ici aujourd'hui c'est parce qu'en 1971-1973 j'y étais Coopérant. Dans les années qui ont suivi l'indépendance, l'Algérie avait encore besoin d'enseignants étrangers. Pour connaître le pays, nous avions eu une formation de 3 jours à Aix-en-Provence basée essentiellement sur le livre de Rachid BOUDJEDRA,* "En ALGÉRIE." *des éditions Hachette. Sur le terrain, j'ai découvert un monde différent et la lecture des livres de Mouloud FERAOUN,* "Le Fils du pauvre, La Terre et le sang, ... " *m'ont aidé à comprendre la société villageoise kabyle. Et même si j'enseignais les mathématiques, je trouvais toujours des références à la culture locale. Nos élèves avaient une grande volonté de réussir. Ils venaient des villages aux alentours et certains parcouraient à pied 5 à 10 kilomètres ou même davantage. Pour eux, l'école des Pères-Blancs de Taguemount-Azouz était une 2ème chance car la plupart avaient abandonné les études (ou le système scolaire les avait abandonnés). Depuis ils ont réussi leur vie professionnelle et ils ont envers leurs professeurs une grande reconnaissance. Rachid, Slimane et Aïssa sont là avec moi pour en témoigner. Je souhaite que, pour vous tous, qui êtes étudiants, les études débouchent sur un avenir vivable (et pas nécessairement à l'extérieur).*

On me remercie et, nous quittons la maison en avançant péniblement à contre-sens d'une foule compacte. Le frère de Rachid a sans doute été impressionné par mon témoignage car le voici qui grimpe sur le talus et annonce que j'ai quelque-chose à dire. Je ne sais que répéter à quelques mots près ce que j'ai dit aux autres. Nous sortons du village pour nous rendre sur la tombe de l'écrivain. Elle n'est plus isolée comme elle l'était dans les années 70 : D'autres dalles de pierre couvrent ce petit cimetière entouré d'une grille en fer forgé. De l'autre côté de la route, il y a toujours la "Maison des Sœurs" ; c'est maintenant un centre de formation professionnelle où on fait de la couture, de l'informatique…

Slimane et Aïssa restent avec moi pour le repas dans la famille de Rachid. Puis nous prenons des photos sur la terrasse avant de partir ensemble pour Taguemount-Oukerrouche. À Aït-Mesbah, nous cherchons après Arezki H.. S'il y a beaucoup de monde au village, il ne semble pas facile d'avoir des renseignements. Les gens sont méfiants et on le serait à leur place : ils ont à faire à quatre hommes inconnus dans une voiture digne d'un mafiosi. Au café, on réussit à faire venir le cousin d'Arezki et on lui laisse un message précis pour qu'il nous retrouve le soir à Tizi-Hibel.

À Taguemount-Oukerrouche, la maman de Aïssa est assise par terre avec sa belle-fille près de leurs petites maisons. Aïssa m'invite à entrer chez "la vieille" ; c'est une pièce exiguë sans meubles où elle se sent bien. Elle me montre le *bouzelouf*, viande de mouton salée et séchée et je lui fais cadeau des noix apportées de Bretagne. Elle nous accompagne ensuite jusqu'à la maison neuve où sa fille lui a proposé de venir vivre. Pour faire demi-tour, il faut manœuvrer car la piste est étroite et les nouvelles villas empiètent sur le domaine public. Pas de scrupule non plus pour l'électricité : de nombreux branchements sauvages ! Ici on trouve toujours une solution ; le bois de construction est cher, alors on coule des fermes pour le toit en béton armé ! Reste la météo et sur la crête, le vent souffle fort.

Nous décidons d'aller aussi à Aït-Khalfoun pour prendre des nouvelles de Boussad Z.. Nous avons plus de chance car la première personne à qui nous nous adressons est son frère. Il nous invite tout de suite chez lui et il nous confirme que Boussad est toujours en Allemagne mais qu'il a récemment déménagé. Je repars avec la nouvelle adresse.

De retour à Beni-Douala, Aïssa nous dépose et nous attendons un moment un fourgon pour Taguemount-Azouz. Ils sont rares car la route est tellement défoncée par les travaux que les chauffeurs hésitent à l'emprunter. On croise une voiture et on croit reconnaître Arezki. C'est bien lui ; il a laissé un mot au frère de Rachid.

Au village, Slimane m'invite à passer chez lui et chez sa sœur pour dire quelques mots à sa nièce atteinte d'une longue maladie. Nous ne pouvons ne pas aller aussi nous recueillir sur la tombe de cette autre victime : Massinissa Guermah ; un mausolée est en construction près de la maison familiale. Ce sera une immense dalle ; les habitants de Agouni Arrous et les donateurs veulent faire aussi bien que pour Lounès Matoub. La Kabylie va-t-elle se couvrir ainsi de tristes lieux de commémorations ?

Nous rentrons de nuit pour le souper familial. Là, nous pouvons parler d'avenir. Rachid a longtemps été sans emploi et les difficultés de vivre au pays, il les connaît d'autant mieux que sa belle famille vit en France. Il leur a même demandé d'accueillir chez eux son aîné pour qu'il aille à l'école française. Je ne suis pas persuadé que son choix soit judicieux ; ses beaux-frères sont plus critiques. Ils le lui reprochent et aussi le fait de ne pas assister à une veillée mortuaire.

J'essaie de mieux connaître le système des Comités de village. Quelle est la représentativité des "*Arch*" ? Ils sont avant tout l'émanation des familles les mieux implantées, les plus influentes ; ce n'est pas spécialement démocratique : une tête = une voix. Mais le suffrage universel ne donnerait-il pas le même résultat du fait de la survivance de l'esprit clanique ?

Avec mon esprit occidental et mes ancêtres citoyens depuis 1789 (à part entière depuis que mes grand-mères ont pu voter en 1945), je ferais plus confiance à des partis politiques indépendants porteurs d'idées novatrices. Et pour assurer la légalité du scrutin, il faudrait accepter le contrôle d'instances internationales. On me rétorque qu'on ne peut faire entièrement confiance aux Américains et que l'Europe doit s'impliquer.

*

Ce <u>vendredi 15</u>, j'ai rendez-vous avec Ramdane. Il se fait transporter en *Mégane* et on parle voiture, du moins eux car je n'y connais pas grand-chose. À la sortie de Tizi-Ouzou, la piste est plus longue que je ne pensais et on termine à pied par un sentier et un escalier en construction. Ouvrier d'usine, il continue les travaux au fur et à mesure des vacances et de son petit salaire. Le plus gros est accompli : sous-sol avec sanitaires et niche pour le chien de garde, rez-de-chaussée avec salle à manger, cuisine, salle d'eau et chambres, et escalier menant à une terrasse où l'on pourra bien sûr faire des appartements pour les enfants devenus grands... Mais les enfants ont vite grandi !

Je m'installe sur la banquette en oubliant d'enlever mes chaussures. Plutôt que de se montrer contrariée, la femme de Ramdane l'invite à garder aussi les siennes. Pour les enfants, c'est une véritable surprise de voir leur père sur les photos. Progressivement, je me rends compte que tous parlent couramment français.

Un neveu profite du repas de fête : *chorba*, délicieux couscous aux navets, (On me met d'office un morceau de viande si tendre qu'il n'y a pas besoin de couteau.) orange, café et gâteaux. Nous nous installons à nouveau sur la banquette pour digérer et parler de nos familles, de politique, de littérature, de musique et de l'université : Sofia voudrait être ingénieure ! Puis nous visitons le jardin où je remarque des cardons ; nous allons aussi sur la terrasse pour une photo. Profitons des collines verdoyantes en arrière-plan avant la construction du nouveau complexe sportif.

Ramdane a toujours regretté de ne pas avoir eu la possibilité de continuer les études ; à Taguemount, il avait déjà 17 ans ; alors le service national est arrivé ! Sa femme a eu plus de chance : elle a le brevet ; d'ailleurs c'est souvent elle qui relance la conversation. Alors que nous profitons du soleil sur la terrasse, l'un ou l'autre reprend l'album, notamment Ahcène et sa mère et ils rient à gorge déployée.

Nous avons la visite du frère de madame qui habite Alger, là où j'envoie le courrier car ici il n'y a pas de distribution. Ils parlent de la santé de leur père et rapidement de politique, toujours la politique ! Ils se posent des questions sur le bien-fondé du départ des gendarmes. Est-ce que ce n'est pas la porte ouverte au banditisme, à l'insécurité, à des zones de non-droit ? Spontanément, on me demande pour qui je vais voter aux présidentielles…

Pour le retour Ahcène et son père m'accompagnent jusqu'au studio. Nous constatons de nouveaux dégâts en ville : panneaux de circulation pliés, vitres brisées… Nous ne nous attardons pas d'autant qu'ils doivent faire le chemin en sens inverse. Ils prennent cependant le temps de s'assurer que je suis bien installé. Ils essaient même de réparer le robinet ; sans succès car ils n'ont pas les pièces… Le sommeil vient vite alors que je suis encore à réfléchir au vocabulaire utilisé ici pour les affrontements entre les jeunes et la gendarmerie : les escarmouches !

*

Dès le réveil, ce <u>samedi 16</u>, je déguste **Le Raisin** de M.K. Bouguerra : c'est un petit roman succulent. Je m'inquiète de ne pas avoir d'eau ; elle revient vers 6 heures. Je prépare les bagages pour passer quelques jours à Souk El-Tnine et en ville j'achète ce qui me manque : ampoules, lessive, lampe de poche et craie pour les cafards. Produit miracle ? Il suffit de tracer des lignes sur le sol et les bestioles ne les franchissent qu'au péril de leur vie ! Comme je suis sceptique, je laisse constamment de la lumière sauf dans la chambre lorsque je veux dormir.

Le rendez-vous avec Saïd S. est fixé à 9 heures et demi à l'hôtel, ce qui me donne l'occasion de discuter avec le gardien. Il évoque la belle époque où il vérifiait les livraisons de boissons pour le bar ; jusqu'à 850 caisses de 24 bouteilles par semaine !

Sur le trajet pour Tirmitine, Saïd évoque son arrivée à Taguemount juste avant les premiers contrôles et ses résultats encourageants. Ensuite il a continué les études pour être professeur ici et en France. Il connaît la Bretagne car, pendant les vacances, il a fait les marchés avec un marchand ambulant de fruits et légumes. Aux dernières élections locales, il est devenu président de l'A.P.C., lourde tâche et à ce jour, il n'envisage pas d'être à nouveau candidat en octobre 2002.

Tirmitine est une nouvelle commune de 18 000 habitants. Elle compte plusieurs villages. Le principal a été restructuré récemment : déplacement du cimetière, ouverture d'une piste au milieu de terrains agricoles destinés à l'urbanisation. Le conseil municipal se compose de 9 membres, actuellement 5 du FFS, 2 du RCD et 2 du RND. D'où des tensions mais aussi de réelles chances de contre-pouvoir et d'alternance.

Au repas, je découvre le *frik* (blé concassé encore vert), du couscous et le top des oranges : Saïd les a choisies lui-même ! Son père prend son repas avec nous ; c'est un vieil homme, très pieux bien qu'il n'ait pas fait le pèlerinage à la Mecque. Leur immeuble est tout proche de la mosquée mais pour eux, les hauts-parleurs, ce n'est pas une gêne. Saïd accepte une photo côté jardin avec son fils dans les bras : il n'a encore qu'un an et demi.

On me montre l'album de famille ; les fêtes c'est avant tout une profusion de couleurs : robes bariolées, maquillage, corbeilles de fruits sur les tables, récipients en plastique fluo, voiture habillée de cœurs incandescents...

Saïd propose de téléphoner en Bretagne. Il essaie de faire croire à ma femme, Marie-Thé, qu'il est encore à Brest et demande à me parler. Ça ne marche pas car il n'a pas bien préparé son coup : en cours de communication, il dit que lui et moi sommes à Brest. Les nouvelles de Bretagne sont bonnes bien que Lucie se plaigne de ne pas avoir assez de travail au resto. Il ne comprend pas qu'une ouvrière puisse demander à en faire plus : ce n'est pas imaginable ici.

Ensuite il décide d'aller, lui et moi, manger une pizza à Tizi. Nous nous contentons d'une *végétarienne*, d'une *pêcheur* et une bouteille d'eau. Le serveur rit jaune. Nous ne sommes pas des clients qui ont envie de faire la fête. Et pourtant Saïd est plus volubile que chez lui : il parle des sites qu'il connaît en Bretagne dont Cancale, des marchés où son collègue attirait la clientèle âgée en parlant breton, des spécialités qu'il avait découvertes notamment les huîtres et les coquilles Saint-Jacques.

Pour rejoindre Souk-el-Tnine, nous traversons Maâtkas où il y a eu des échauffourées ! Restent dans la rue de très gros cailloux et des tas de déchets qui fument encore. C'est le fait de jeunes encouragés par les Aarouchs. Ne seraient-ils pas eux-mêmes une émanation du pouvoir ? Car c'est un moyen efficace de jeter le discrédit sur les partis politiques, de renforcer l'état d'urgence et de boycotter le processus démocratique.

Si Amar nous attend à sa boutique et il m'accompagne à la maison familiale au bout d'un sentier bordé de très hauts figuiers de barbarie. Toute la maisonnée se montre curieuse de mon arrivée : les enfants, les anciens, les femmes et les jeunes filles qui m'invitent à accéder au cœur de leur domaine : une vraie fourmilière.

Encore un repas : heureusement ce n'est qu'une salade servie sur assiette et je suis rassasié avec la moitié. Le grand frère de Si Amar parle un très bon français et son jeune garçon qui n'a que trois ans répète spontanément ses phrases.

Mon hôte me propose une balade au clair de lune (sans lune car il y a des nuages). On voit quand même les lumières des villages en contrebas. Le chemin est irrégulier et Si Amar se demande si c'est une bonne idée de me faire marcher ainsi dans l'obscurité. Nous montons jusqu'au stade qui est entièrement clos et nous en faisons le tour : il est fier de cette réalisation car si beaucoup de villages ont des stades, ils sont rarement aussi bien finis.

Le fils de son grand frère partagera ma chambre ; il est livreur de bouteilles de gaz. Pour le moment, nous pourrions jouer aux cartes car nous sommes quatre : Si Amar, son frère, son grand neveu et moi. Place aux échanges sur nos vies respectives. Le jeune chauffeur parle très peu, apparemment par timidité. Mais lorsque son père et son oncle ont quitté la chambre, il devient plus volubile ; ouf, ce n'est pas moi qui l'intimide !… Pour la nuit, je ne risque pas d'avoir froid : en guise de couvertures, le lit est garni de tapis kabyles aux couleurs vives.

*

Dimanche ! Au réveil, les uns et les autres montrent beaucoup de sollicitude pour que je ne manque de rien : eau chaude, savon, mousse à raser, vêtements lavés et repassés… puis café et lait à volonté. Si Amar est déjà à son magasin pour mettre la livraison de lait au réfrigérateur. Je le salue au passage et je vais faire un tour dans le village de *Souk El Tnine*. Sur le marché aux légumes, je repère une camionnette remplie de fèves jusqu'à la bâche. C'est une photo à prendre mais je n'ai pas mon appareil. Je suis aussi intrigué par des plantes séchées inconnues : il faut que je me renseigne auprès de mes amis.

Je reste un peu à l'épicerie de Si Amar ; le matin, il vend surtout du pain et du lait, et les jours d'école, des crayons et des bonbons à l'unité. Ensuite les clients se font plus rares et il peut s'absenter. Nous retournons au marché ensemble ; en plus des fruits et légumes, il y a aussi de la quincaillerie, des chaussures et cette fameuse plante séchée : en guise de tabac, une plante qui peut être chiquée après l'avoir broyée et mélangée à de la cendre de brindilles.

Un peu à l'écart, sur une petite place, un poète s'adresse à la foule. Lorsque nous nous approchons, nous sommes vite repérés ; de même que ceux qui quittent le cercle des spectateurs sans lui laisser la pièce. Il parle de liberté, de dignité et d'unité et il est foncièrement pour tout ce qui peut rapprocher les Algériens de toutes origines. Mais il se sent étranger dans son propre pays.

Quelqu'un tire sur la lanière de mon appareil photo ; c'est Arezki B. qui veut me surprendre. Il a pris sa journée pour m'emmener aux Ouadhias. Nous passons chez lui pour saluer la famille et voir les engins de chantier dont une pompe à béton fabriquée par lui et ses frères. La route sinue au milieu de plantations d'oliviers pendant la descente vers la plaine. Aux Ouadhias, nous faisons une halte pour voir les poteries que l'on vend aux gens de passage. On n'en verra pas grand chose car il y a une coupure d'électricité.

Pour trouver la famille de Lami, il faut prendre la piste des "Ouadhias-Tribus", passer les villages de Aït-Berjal et Aït-Hellal et aller jusq'au bout de Aït-Chellala après avoir franchi la "*tadjmat*". Quelle antiquité, cette porte de pierres polies par les hommes à force de rester assis là pendant des siècles, surveillant ainsi l'arrivée de tout étranger au village !

Un neveu de Lami nous accompagne car son oncle est à Alger. L'accueil est très chaleureux : la famille attendait ma visite suite à ma lettre. La cheminée moderne tire mal et la pièce est enfumée du moins jusqu'à ce que Madame récupère les braises qu'elle met dans le *kanoun,* (foyer en argile), pour se réchauffer. Un repas est préparé en un clin d'œil : omelette, bifteck, salade, *sfinges* (pâte à pain cuite en beignets) et café. La sœur de Lami est exubérante ; elle se rappelle très bien être venue avec sa mère à Taguemount en passant par l'oued. Elles avaient apporté les affaires du pensionnaire sur leur dos.

Je demande des nouvelles de leur mère. Elle vit mais elle reste alitée dans une pièce de l'autre côté de la courette. Nous lui rendons visite : le froid et l'humidité nous accompagnent. Nous n'avons pas autre chose à échanger que nos regards. Pourtant elle me voue un véritable culte puisqu'elle me dit en kabyle : *"Dieu a fait de vous un grand homme !"* Que répondre à de telles louanges ?

En allant aux Aït-Bouadou, Arezki me rappelle que lors de notre balade dans le Djurdjura, nous avions pris un car aux Ouadhias après avoir passé une nuit chez les Pères-Blancs de Taourirt Abdellah. On trouve le fils de Lounès ; on le reconnaît au premier abord car il a le même visage ; ce qu'on lui propose de vérifier immédiatement sur l'album-photo. Lounès travaille au sud ; il est absent un mois et il revient pour trois semaines ; le transport est pris en charge par la

Sonatrach. C'est pour ces avantages qu'il y a beaucoup de Kabyles à Aïn Amellal.

On s'inquiète de Bouamara ; il n'est plus lui-même depuis le service militaire ! Cependant, il vient nous rejoindre au café, vide sa tasse sans nous regarder et ne s'intéresse à nous que lorsqu'on sort les photos. Il lui reste une excellente mémoire car il reconnaît tous ses anciens camarades. Il nous invite à son magasin car les ouvriers sont en train de refaire le toit de la maison. J'examine les étagères à la recherche de produits encore utilisables mais je ne trouve rien à part quelques paquets de henné (et des œufs ?). Je patiente en attendant l'arrivée de son père pour lui confier l'argent de mes emplettes.

Avant de quitter le village, un jeune demande une photo ; j'accepte à condition de trouver un cadre qui convient ; nous posons devant la montagne embrumée. La route du retour est aussi sinueuse ; ça n'a pas réussi au chauffeur d'un fourgon qui est dans le ravin. Renseignements pris, le chauffeur est indemne. Heureusement car son père fait partie des nombreux automobilistes qui ont laissé leur vie sur cette route. Les virages ne sont pas seuls responsables : les boissons alcoolisées sont essentiellement consommées en ville.

Deux anciens immigrés sont assis sur le seuil du magasin de Si Amar : ils sont venus tuer le temps. Je me mets à écrire des cartes et les jeunes enfants s'attroupent pour voir cet étranger qui écrit de gauche à droite… Cet étranger, il a décidé de faire profiter de son passage les petits commerçants du village. Il achètera un grand sac pour les souvenirs, une pile pour lampe de poche toujours utile lorsqu'on passe la nuit dans un endroit inhabituel et il ira chez le coiffeur qui n'acceptera pas d'être payé prétextant que cette coupe de cheveux c'est son cadeau de bienvenue.

Le marchand d'appareils électroménagers aurait pu me faire cadeau de la pile car elle ne fonctionne pas du tout. J'en fait part à Si Amar qui tient à demander réparation sur le champ. Question d'honneur : on a abusé de son hôte ! Je l'accompagne à la boutique avec le boîtier de la lampe et, de bonne grâce, le marchand accepte que l'on essaie les piles encore en rayon. Résultat : aucune n'est en état de fonctionnement ! Mes amis m'avaient dit de me méfier des piles proposées sur la rue par des vendeurs à la sauvette mais pas de celles vendues en magasin et le commerçant paraît désolé de ne pouvoir nous donner satisfaction. Il me rembourse ; après tout il était peut-être de bonne foi !

Si Amar veut me faire découvrir d'autres aspects du village : les anciennes maisons et la carrière. Nous prenons des sentiers muletiers ; les brèches dans les murs nous laissent voir les maisons basses en terre rouge. Beaucoup d'entre elles ne sont plus habitées. Au centre d'une cour s'élance un immense palmier. Aussi loin qu'il remonte le temps, Si Amar se souvient avoir toujours vu cet arbre qui a résisté aux aléas du climat. Mais depuis quelques années, ses immenses feuilles mortes ne sont plus taillées et cela lui donne un coup de vieux. Nous arrivons en face d'une falaise de roche. C'est la carrière où les villageois sont venus extraire, à la barre à mine, des matériaux pour les fondations. Je dois trouver un moment pour revenir ici.

Avant le repas, Arezki, en technicien attentif, m'encourage à utiliser abondamment le savon pour me laver les mains ; il est vrai que bien des maladies tropicales pourraient être évitées par de simples mesures d'hygiène. Encore faut-il avoir de l'eau ! Au menu, chorba et lapin aux jeunes légumes (petits pois, carottes et artichauts). C'est excellent mais mes compliments n'ont pas d'effet sur les enfants qui, comme les nôtres, ne mangent pas ces petites bêtes toutes douces. La génération actuelle n'est pas une génération de chasseurs (ni même d'éleveurs) et s'ils mangent de la viande ce sont des morceaux achetés déjà découpés, désossés, prêts à cuire, voire juste à réchauffer.

*

<u>C'est lundi</u>, et je ne suis sans doute pas bien réveillé car, après être passé à la salle d'eau, je suis sur le point d'entrer dans la chambre des enfants. Ils nous rejoignent pour le petit déjeuner et les adieux avant le départ pour l'école. Au magasin, c'est l'effervescence : les écoliers passent acheter le crayon qui manque ou le bonbon qui tente. Si Amar a un mot gentil pour chacun mais ce petit commerce peut-il faire vivre

sa famille ? Je constate que les paquets sont bien rangés sur les étagères mais les stocks peu importants.

Deux jeunes viennent engager la conversation : ils aimeraient créer une association culturelle et voudraient des conseils. Ils ont tant d'idées que je leur dis qu'il ne faut pas proposer toutes les activités dès le début car les jeunes seront déçus si les moyens (animateurs, matériel et financement) ne suivent pas. Moi-même, je n'ai que peu de temps à leur accorder car je dois joindre Aïssa au téléphone. Je leur propose de m'attendre mais une bonne demi-heure plus tard, ils ont perdu patience et je les comprends. Si Amar est associé à leur projet et il me parle de la construction de la nouvelle mosquée avec au sous-sol une pièce qui leur serait réservée. Je lui fais part de mes interrogations : les activités sont-elles sans gêne pour le recueillement, la lecture et les invocations lors des cinq prières quotidiennes des fidèles ? Et vice-versa : la dépendance de la mosquée laissera-t-elle suffisamment de liberté pour l'organisation des activités ?

Après le déjeuner, nous prenons un fourgon pour Tizi-Ouzou et le chauffeur nous informe qu'il évitera la route de Souk el Khemis à cause des affrontements entre les gendarmes et la population de cette localité. En ville, nous trouvons l'employé de Saïd et nous commandons un jus de fruit au café voisin. Pour le rafraîchir, j'aimerais avoir quelques glaçons mais au bar on n'en fabrique qu'en été. Il fait largement 25° ; pour moi, c'est l'été ! Saïd nous rejoint et nous demande des nouvelles de ses anciens camarades. Puis il charge Kamel de mon sac pour rejoindre le studio à pied.

Nous passons dans la rue qui longe la caserne et je vois là un nid de cigognes en haut d'un poteau électrique. Comment se fait-il que je ne l'ai pas vu auparavant ? Je suis passé ici plus de dix fois ; c'est que mon regard se portait toujours sur les forces de sécurité stationnées à proximité avec leurs impressionnants engins : camions aux vitres grillagées, véhicules tous terrains, *chasse-neige* (reconverti pour le déblaiement des barricades). Et malgré les escarmouches quotidiennes, le couple de cigognes a consolidé son nid et met tout en œuvre pour la survie de l'espèce.

Je propose un rafraîchissement à Kamel ; il l'a bien mérité car il n'a pas accepté une seule fois de se défaire de mon sac. Sa timidité reprend le dessus et c'est à peine s'il prend le temps de s'asseoir... Aussi il n'est que 15h lorsque je sors en ville pour poster du courrier mais il est déjà trop tard pour trouver des timbres : les provocations (jets de pierres) ont commencé dans la rue en contrebas de la mosquée. Je contourne la place de La Poste à la recherche du cinéma Le Mondial. Résultat : je suis presque revenu à mon point de départ en faisant ainsi *un tour du monde* (comme disaient mes élèves lorsque, lors d'une balade, nous revenions à Taguemount par un autre chemin). Heureusement on me renseigne avec courtoisie et précision.

Voici l'entreprise où Arezki H. travaille. L'entrée donne directement sur un bureau avec 5 ou 6 employés, hommes et femmes. Un petit homme se lève et vient vers moi : c'est mon ancien élève mais, en d'autres circonstances, j'aurais eu du mal à le reconnaître. Il me présente à ses collègues que je salue et dont nous prenons rapidement congé en leur souhaitant bon courage pour terminer l'après-midi. Dans un bar voisin, nous prenons des nouvelles l'un de l'autre et nous convenons du rendez-vous pour le lendemain : 17h au studio.

Je décide de retourner à la librairie près de l'Artisanat mais les rideaux de fer sont tirés à cause des risques que ça dégénère. Et ça peut dégénérer à tout instant : en me retournant, je vois la foule massée dans la rue et, à l'avant, un écran de fumées blanches. J'imagine facilement les forces d'intervention qui sont derrière et ça n'a rien de rassurant. En un an, n'y a-t-il pas eu une centaine de jeunes Kabyles qui ont perdu la vie en de telles circonstances ? Mais à mon niveau, ce qui me frappe c'est le nombre de badauds en retrait sur les trottoirs et je décide de quitter rapidement les lieux afin de ne pas augmenter leur nombre.

Je me dirige vers le quartier de l'hôtel Lalla Khedidja à la recherche de souvenirs à rapporter notamment une verseuse pour le café. Je trouve de nombreux magasins ouverts mais pas l'objet recherché. Qu'importe : c'est un agréable passe-temps de faire les boutiques et de voir comment les commerçants se mettent en quatre pour trouver ce qu'ils vont vendre à cet énergumène qui flâne dans une ville en insurrection. Et miracle, je finis par trouver cet ustensile chromé, de ligne et de finitions parfaites, avec, pour seul défaut d'avoir été fabriqué en Chine.

De retour à la chambre, je fais le ménage, la lessive et je suis sous la douche lorsque Arezki H. frappe à ma porte. Il vient lever un doute et confirmer que le lendemain il passera me prendre à 17h pour monter au village avec lui après sa journée de travail. Pour moi, pas de problème : je ferai l'impossible et même plus pour aller quelques jours à Aït-Mesbah : je souhaite voir son cousin, sa famille et de nombreux amis. D'autant que c'est lui qui m'a envoyé un certificat d'hébergement et, officiellement, je suis hébergé chez lui.

Un peu plus tard, à nouveau quelqu'un derrière la porte : c'est Kamel avec Ahcène et Ramdane. Comme ils sont venus en voiture avec Saïd, je demande à Kamel d'aller chercher son père, ce qu'il fait bien volontiers mais celui-ci est pressé. Pour ne pas le faire attendre, nous avalons notre thé glacé et nous le rejoignons en prenant à peine le temps d'ouvrir les paquets que la famille I. m'a apportés. En franchissant le portail, je comprends que Saïd n'ait pas voulu laisser sa voiture sans surveillance ; il a sa nouvelle berline de marque avec tout le confort et même plus, des matériaux de prestige ! Tout en conduisant en souplesse, il m'informe que les émeutes ont éclaté en ville vers 15h . (Ce que je savais puisque j'y étais !) Pas de réaction de ma part ni non plus à l'arrière du véhicule. (Ramdane et Ahcène doivent être diablement impressionnés par le moelleux des sièges, les vitres teintées et la musique d'ambiance de qualité numérique !)

Dans l'escalier de la maison nous sommes mis en appétit par une bonne odeur. Mais nous faisons d'abord quelques photos car Kamel voudrait en avoir une avec le tee-shirt "*I Laïc Algeria*". Je lui explique que c'est un dessin de Dilem dont le sens est qu'il ne faut pas mélanger le politique et le religieux... Il a le temps d'avoir des principes ! ... Tout le monde se prête aux flashes des appareils photos ; ça mitraille même pendant le repas (salade, boulettes de viande et épinards). Nous sommes entre nous et la confiance règne : personne ne cherchera à tirer profit de ces clichés. C'est vital la confiance mais comment l'accorder à nouveau quand on a été abusé ?

Nous évoquons des avances de fonds jamais remboursées, des services exorbitants, des femmes et des maris trompés et aussi le sort de Rachid B. qui s'est marié très jeune et qui est en train de liquider ménage et affaire. Mais il y aurait aussi un problème d'alcoolisme. Ah boisson, quand tu nous tiens ! Si la femme algérienne a moins de droits qu'une Française, c'est d'après Saïd la faute au Code de la famille. Je crois bon de lui rappeler que des traditions plus anciennes sont aussi responsables et c'est dans les familles que ces coutumes se perpétuent.

Nessim cherche à discuter mais son père lui rappelle que bientôt il aura contrôle de langue française et qu'il doit réviser ses cours. Je profite de l'occasion qui m'est donnée pour savoir où il en est et pourquoi ne pas l'aider ne serait-ce qu'une demi-heure ce soir. Dans quelle galère, je viens de m'embarquer ? À peine une difficulté est-elle résolue qu'une autre surgit :
- Recherche du dernier cahier de français
- Conflit avec la jeune sœur (qui est plus en avance)
- Impatience du père (pour qui le français était la langue d'enseignement)
- Tête vide du professeur (moi en l'occurrence qui n'ai pas l'habitude des cours à domicile)
- Complication du grand-frère (qui ne fait pas la différence entre le verbe et l'adverbe)
- Appels insistants du dernier né (qui veut que quelqu'un dans cette maison s'occupe de lui)
- Écriture hachée de l'intéressé (probablement énervé par toutes ces sollicitations)

Heureusement, sa mère pare à tout : elle trouve le bon cahier ; elle apporte une chaise à son fils qui jusque-là travaillait à genoux ; elle taquine son mari pour détendre l'atmosphère… Je décide de faire de la dérivation Adjectif / Adverbe et, *apparemment* (de l'adjectif *apparent*) ça ne va pas si mal. Mais au bout d'un quart d'heure, Saïd me demande d'arrêter car il craint de nouvelles émeutes en ville. Rendez-vous est pris pour continuer le lendemain à 13h30 car Nessim n'a cours que le matin.

Il est content d'avoir trouvé quelqu'un susceptible de l'aider à préparer ses contrôles et demande à m'accompagner en voiture jusqu'au studio. Son père me redit les difficultés qu'il a dans l'éducation de ses aînés, le système d'enseignement qu'il juge sinistré, la peur qu'il a du *Baathisme* (idéologie pour une Algérie arabe et musulmane). Ou du *batisme* (attachement à la lettre des écritures saintes et esprit missionnaire). Ou encore du *Badisme* (En référence à Ben Badis, écrivain algérien qui était pour le renouveau religieux et dont le F.L.N. a récupéré le slogan : "*L'Algérie est ma patrie, l'arabe est ma langue, l'islam est ma religion.*") Bonne nuit quand même !

*

La nuit sera bonne mais de courte durée car ce <u>mardi 19</u> je me réveille bien avant le chant du coq (ou l'appel du muezzin). Je prends le livre confié par mon ami : *La mise à nu* écrit par Abdelhamid BENHADOUGA en 1978 et traduit par Marcel Bois (Éditions SNED 1980). Je suis surpris par l'actualité des propos des personnages. Voici quelques-unes de leurs réflexions :

- « *L'avenir est une aventure qui exige la capacité de créer. L'homme qui se sent impuissant tourne le dos à l'avenir.* »
- « *J'ai besoin d'habiter loin de ma famille si je veux lui garder toute mon affection.* »
- « *Toutes les dictatures du monde ont recherché la gloire au détriment de la justice.* »
- « *Ce n'est pas le fait d'utiliser (ou de ne pas utiliser) l'arabe qui nous sortira de notre exil et de notre aliénation.* »
- « *Dans la demeure des grands, on a le sens des convenances : on n'offense pas Dieu ouvertement.* »

Je ressens le besoin de retourner au lit. Je m'endors à nouveau pour me réveiller en sursaut à cause d'un cauchemar. Je me détends en prenant un premier petit déjeuner (thé glacé et gâteaux de cacahuètes). Et je fais du courrier en attendant l'ouverture du café *L'Endroit*. Malgré cette occupation, j'arrive au moment des livraisons. Une caisse de bouteilles au bout de chaque bras, le jeune serveur ploie sous la charge. Il n'est pas bien vieux ; je ne suis pas sûr qu'il a terminé ses années à l'*école fondamentale* (système regroupant le primaire et le collège).

Aujourd'hui j'espère pouvoir acheter des timbres et faire mes emplettes en librairie. J'ai offert presque tous les livres que j'avais apportés et il me reste des cadeaux à faire sans compter que je trouverais probablement un volume qui me tentera. Mon intuition me conduit dans la même direction que les lycéens. Première librairie. J'examine systématiquement les rayons et je prends note de quelques livres édités en France. J'achète sans hésiter un dictionnaire trilingue : français, arabe, anglais. Ça peut toujours servir ! Deuxième librairie. Je reprends **Le raisin** de M.K. Bouguerra pour l'offrir et je vois qu'ici le dico trilingue est nettement moins cher. J'avais oublié qu'en Algérie le prix du livre est libre. Troisième librairie. En vitrine **Les chemins qui montent.** C'est le seul livre de Mouloud Feraoun que je n'ai pas ; pas pour longtemps ! La quatrième est un bouquiniste auquel je n'achèterai rien.

Entre temps, j'ai aussi sillonné la ville, photographié des immeubles de standing en construction, l'université Mouloud Mammeri et la *Cité du 5 juillet* (dont le nom est écrit phonétiquement en arabe !). Je me suis aussi rendu à la Grande Poste où il faut jouer des coudes pour avoir des timbres ou le moindre formulaire. Les gens n'ont pas envie de faire la queue. Il est vrai qu'on trouve de tout dans le secteur privé mais à l'évidence l'administration manque de personnel ou/et d'organisation.

Au retour au studio, je trouve les collègues de Arezki B. à table. Je sors mes réserves du frigo et nous nous lançons des invitations réciproques à partager ce repas. Je découvre ainsi la salade de fenouil et eux mes gâteaux *kaoukaou*. Et comme ils doivent reprendre les cours, je leur propose de faire la vaisselle.

Aussi j'arrive chez Saïd une demi-heure plus tard que prévu ; c'est assez pour qu'il s'inquiète... Le voilà rassuré ; je peux continuer les révisions avec Nessim. Lecture, dictée, exercices à partir des premières phrases du dico trilingue. Ça va ; du moins ça ira avec de l'entraînement. Et pour l'instant il est bien décidé à faire le nécessaire. Il me le dit encore sur le trajet jusqu'au studio.

Je suis tout juste prêt lorsque Arezki H. passe me chercher. Une Renault neuve (encore avec des films plastique) nous attend à proximité. Je suis le quatrième passager ; le covoiturage et le taxi collectif sont des nécessités pour les villageois qui travaillent en ville. Au village nous sommes accueillis par Lamara qui enclenche tout de suite la discussion sur l'arabisation de l'enseignement. Il est terriblement concerné puisque, enseignant en français, il n'a d'autre choix que de prendre une retraite anticipée.

Arezki m'emmène chez lui. Avec sa femme et leurs deux enfants, il vit dans deux pièces au-dessus du logement de sa marâtre. Leur garçon qui s'apprête à commencer l'école est plus étonné par la présence à la maison de l'instituteur que de l'étranger. D'ailleurs l'étranger n'est pas si étrange pour ce garçon de cinq ans aux yeux bleus et aux cheveux roux.

Il n'y a que la ruelle à traverser pour se retrouver chez Mohamed le cousin. Les terrasses des maisons se touchent presque ; alors pour plus d'intimité, Arezki a tendu une bâche entre eux. Moh est quelqu'un de très exubérant. Sa tchatche lui sert à son travail à Tizi. Cela consiste à mettre en ordre les fourgons en partance pour Beni-Douala et à rabattre les clients. Chez lui aussi, son enthousiasme est communicatif et, femme et enfants sont contents de la venue de son ancien maître. Sa maison est en cours de construction ; ce sera de la démesure notamment la bibliothèque en béton assez grande pour y ranger des centaines d'exemplaires du plus grand livre pour enfants. La famille H. est en pleine croissance : Moh a plusieurs enfants et il est fier d'être grand-père !

Comme nous nous promenons à proximité de l'école, Lamara nous intercepte et nous invite dans son logement de fonction. Profitons de cette grande salle car il ne l'a plus pour longtemps. D'ailleurs il fait construire pour lui et les trois enfants qui sont encore à la maison ; trois autres sont à l'université. Il sort des cahiers d'élèves pour me montrer le niveau en français : on privilégie la compréhension. Le maître doit chercher à deviner ce que l'élève a voulu écrire ! Il travaille 5 heures par semaine dans chaque classe en se référant à des progressions dactylographiées sur lesquelles il distingue toujours la lecture, le vocabulaire, la grammaire, la conjugaison et l'expression écrite. Il déplore que l'enseignement se fasse en arabe pour des matières telles que les maths et la géographie. Pour lui, l'enseignement du français c'est devenu du saupoudrage.

Et il a du mérite ; il a commencé tout en bas de l'échelle : moniteur pendant trois ans avant de passer instructeur et enfin instituteur trois ans plus tard. Il s'est toujours informé de l'évolution pédagogique en France en correspondant avec une institutrice devenue professeur des écoles sous le gouvernement Jospin. Elle lui a même envoyé le cahier d'un de ses meilleurs élèves. Je l'ouvre au hasard et je tombe sur l'étude du passé simple : *Nous revînmes. Vous revîntes.* Cette forme inusitée du verbe revenir peut-elle être utile aux jeunes élèves pour qui le français est une langue étrangère ?

Nous montons prendre notre repas chez Arezki mais Lamara ne nous rejoindra qu'après car c'est l'heure de la prière et lui il pratique. Au village, il a toujours été considéré : il est fils de *chaïd* (son père a laissé sa vie pendant la guerre d'indépendance). Lorsque nous regardons les photos ensemble, son attention se porte sur l'ancien monument aux morts du village. Il nous raconte l'inauguration de ce mémorial ; il s'en souvient car il était chargé de le découvrir en tirant le tissu devant la foule.

Pour la nuit, Moh (non pas le cousin mais le frère de Arezki) a mis a ma disposition, une pièce indépendante construite sur l'ancienne aire à battre. À mon avis, c'est de l'*autoconstruction,* car on a recouvert les murs d'un enduit de béton et, pour ne pas avoir à ajuster le carrelage, on a joué sur l'épaisseur de l'enduit derrière les plinthes. Moh très prévenant s'assure que je ne manque de rien et je m'endors dans la soie artificielle.

*

Je me réveille tôt le <u>mercredi 20</u> (c'est devenu une habitude). L'obscurité m'oblige à garder la chambre et le temps me paraît long car je n'ai ni stylo ni livre. Aux premières lueurs, je prends la piste nouvellement aménagée et je marche jusqu'à une crête d'où je pourrai apprécier le lever du soleil. Il me faut encore attendre ; en observant le paysage, je comprends pourquoi l'astre du jour n'est pas plus matinal : il doit s'élever au-dessus des collines de Tirhzert. Et les cimes du Djurdjura s'illuminent avant qu'il daigne se montrer à moi.

Sur le chemin du retour j'admire les arbres fruitiers en fleurs et Arezki vient à ma rencontre. Peut-être m'a-t-il aperçu de l'aire à battre ? La jeune épouse de Moh (il n'est marié que depuis deux ans) est une excellente cuisinière : elle a confectionné de délicieux *makrouts* (gâteaux aux dattes). C'est une raison de plus pour les remercier de leur hospitalité avant de quitter le village avec Arezki.

Celui-ci insiste pour que je voie aussi des élèves de la 1ère année : Ahcène et Mouloud. Moi je suis impatient d'aller à Aït-Hellal car je crains de ne pas trouver Ameziane. Nous nous sommes déjà manqués il y a quelques années à Paris. En passant à Beni-Douala, il a la bonne idée de demander Mohand ou Arab (prénom particulier pour un Kabyle francisé depuis sa plus tendre enfance). Nous le trouvons sans difficulté devant son ordinateur. Il travaille aux affaires sociales. Un allocataire s'inquiète de l'avancement de son dossier. Mohand lui explique qu'il doit d'abord être convoqué par le médecin-conseil. (Dans ce pays, on a vraiment tout calqué sur la France !). Il est enchanté par notre visite-surprise et il prend son temps pour voir et revoir l'album de photos.

Aït-Hellal est plus loin que je ne pensais. On descend en taxi vers l'oued Aïssi et le nouveau barrage. Au village, notre arrivée provoque un attroupement. Nous envoyons quelqu'un s'assurer qu'Ameziane est chez lui. Pendant ce temps, nous nous faisons expliquer l'utilité du portail près duquel nous nous sommes arrêtés. Le parking du village est clos et la nuit on ferme le portail ; ainsi les voitures des villageois qui n'ont pas de garage sont en sécurité. Cette fois encore le rendez-vous est manqué ; je laisse un message pour en fixer un nouveau, samedi, au studio... *Inch Allah !* Le taxi nous a attendus et il accepte même de s'arrêter pour que je fasse une photo du barrage qui se remplit petit à petit.

Pour le repas, nous allons au resto. Nous sommes à peine installés que le client le plus proche se lève et brandit… une enveloppe. C'est une lettre que je lui ai envoyée deux mois plus tôt car il s'agit de Youcef F. . Il travaille à l'hôpital local et déjeune souvent ici. Nous l'invitons à notre table et nous échangeons quelques nouvelles. Il est entré dans le secteur médical sur concours et il a quatre grands enfants puisque l'aîné a fini son service militaire ; comme beaucoup de jeunes, il n'a ni travail ni espoir. Youcef n'est pas en forme : il a des maux de tête et, lui l'infirmier, il accepte les deux comprimés (antalgique et décongestionnant) que j'ai sur moi.

Dans une boutique, je me laisse tenter par de belles oranges : deux au kilo mais je soupçonne la balance d'être optimiste ! Arezki me trouve une place dans un fourgon pour Tizi et lorsque j'arrive en ville je suis si abattu par la chaleur que je vais directement au studio. J'y trouve des cadeaux de mes colocataires et des provisions pour trois jours. Je pars pourtant ce soir pour Bouira. Il est d'ailleurs temps de rejoindre l'hôtel où j'ai fixé rendez-vous à Aïssa.

Il arrive en milieu d'après-midi mais il aimerait d'abord se reposer car c'est fatiguant de conduire avec cette chaleur. Il a une belle voiture récente mais pas la clim ! Nous prenons une boisson rafraîchissante sur une terrasse ombragée. Sur la route de Draâ-el-Mizan il évoque de nombreuses exactions pour mieux souligner le retour à la normale dans ce secteur. Les paysages changent aussitôt que nous avons passé Aomar. La route défile entre de vastes domaines agricoles dont certains ont gardé leur nom français. Il me fait découvrir les quartiers d'immeubles construits dans l'urgence puis il me conduit au centre ville pour que j'aie un aperçu de ce gros bourg. Cela me fait l'impression d'une ville nouvelle.

Nous revenons jusqu'au centre de formation qu'il dirige et nous garons la voiture sous le préau. Les regards des enfants sont pleins de malice. Je les croyais plus âgés mais ce ne sont que les plus jeunes : je me repère seulement avec l'album des photos de famille ! Aïssa profite de devoir faire quelques courses alimentaires pour m'emmener jusqu'à Es-Senam ; c'est un bourg qui a gardé l'aspect qu'il avait en 1962.

Le repas est copieux. *El Hamdoulilah.* Nous regardons la télé puis Aïssa aimerait me montrer les performances de son ordinateur... Problème technique : *El Hamdoulilah* car je tombe de sommeil ! On déplace quelques meubles pour accéder au lit. Alors je réalise que l'appartement de fonction n'est pas adapté à la composition de la famille. Il n'empêche que cela reste un atout majeur pour accepter un poste à responsabilités.

*

En ce <u>matin de printemps</u>, je partage la salle de bain avec la dépouille du mouton de l'*Aïd El Kébir* (fête en souvenir du sacrifice d'Abraham). Pour nettoyer la laine, on fait tremper la peau... Après le petit déjeuner les enfants partent pour l'école. Lamine est fier de sa salopette. Aïssa me fait visiter son centre de formation y compris les ateliers de confection. On sort pour moi les sujets d'étude (points, assemblages, ...) et les pièces réalisées en fin de stage (blouse, short et chemisier, ...). Avec des jeunes en stage d'orientation, le professeur revoit la technique de la division.

Madame se renseigne par téléphone auprès d'une amie sur la situation à Sidi-Aïch. Tout est calme. Nous pouvons rendre visite à Mahfoud. La route est longue car il y a de la circulation et de trop nombreux "*gendarmes couchés*" (ralentisseurs). Mais je peux apprécier de belles vues du Djurdjura, des villages agraires et des oliveraies. (Des vendeurs proposent d'ailleurs quelques bouteilles d'huile sur le bord de la route.) En arrivant à Sidi-Aïch je remarque de nombreux immeubles modernes sur les pentes environnantes. Nous prenons la direction de Tinebdar indiquée par les panneaux. C'est alors que je déchiffre une inscription sur un mur " PRIMAUTÉ DU POLITIQUE SUR LE MILITAIRE ". Cela me saute à l'esprit : Voilà une réponse à la crise actuelle ! Je fais signe au chauffeur d'arrêter pour prendre une photo de cette peinture. Nous demandons, à plusieurs reprises, le village mais à chaque fois on nous répond qu'il faut rouler encore un peu !

Nous finissons par arriver. Mahfoud est surpris mais il en est, en partie, responsable : il a téléphoné chez Saïd à deux reprises sans laisser de numéro pour le joindre. Il nous invite à monter dans sa trop grande maison construite en béton armé. Commencée en 82, elle n'est pas encore terminée et il n'a que deux enfants d'environ 15 ans. Son garçon lui ressemble comme deux gouttes d'eau. Sa fille, sa femme et sa mère viennent nous saluer et il devine mes pensées : il nous rappelle le décès de son père alors qu'il était en pension à Taguemount. Il a été d'autant plus marqué que le Père Aendenboum, directeur lui avait seulement annoncé cette triste nouvelle la veille de son retour dans sa famille, soit une semaine après la mort.

Il nous propose d'aller déjeuner au resto. Nous descendons jusqu'à la route principale et il s'arrête après quelques kilomètres. La salle est vaste et accueillante. Elle est pourtant vide ; peut-être à cause des prix (carte de 150 à 500 dinars) mais surtout parce que les gens y viennent essentiellement le soir pour bien manger et boire. Question menu, je choisis des cailles et, comme garniture, des frites et des coquillettes bien relevées. C'est délicieux et très goûté ; seul inconvénient : on doit s'essuyer fréquemment les doigts et les serviettes en papier ne font pas long feu. Aïssa se charge de demander des *torchons* (et il vrai qu'on tord ces serviettes comme des torchons !).

Le service est un peu long. Il y a aussi un chat qui a faim et il nous harcèle. En attendant je montre quelques photos de famille et ce n'est qu'à ce moment-là que je remarque la légère difformité que Mahfoud a à la main droite. Et ce n'est pas nouveau ; je me souviens alors qu'il avait ce problème dans sa jeunesse. En tout cas, il a pris une grande habitude de gaucher pour surmonter son handicap et le dissimuler.

La discussion est courtoise ; petit à petit, Mahfoud trouve ses aises et évoque :
- les semaines passées dans la famille Belkébir avant que l'internat soit ouvert.
- la gifle donnée par le professeur d'arabe Cheikh Kamel.

- le travail de Rachid B. comme cuisinier volontaire des pensionnaires.
- ma dégaine avec des pantalons à pattes d'éléphant toujours trop courts.
- la bagarre entre lui et Saïd, un dimanche matin, vers neuf heures, au centre de formation d'El-Harrach, entre des étagères garnies de bouteilles vides.

Avant d'être embauché dans cette usine textile, il a eu plusieurs expériences de jeunesse à Alger surtout. Depuis, il est allé en formation à l'étranger. Mais ces stages ne lui ont jamais laissé le temps de faire du tourisme. Pas même en Algérie : il n'est allé que deux ou trois fois à Tizi-Ouzou en vingt ans ! Par contre, chaque année, il prend un mois à la mer ! D'ailleurs, il s'étonne que je ne sois pas venu en été. Je l'invite à venir en famille visiter la Bretagne pendant ses vacances. Cela lui paraît au-dessus de ses moyens financiers.

Rouler après ce copieux repas et avec la chaleur n'est pas évident pour le chauffeur. Je mets la cassette *Mozart l'Égyptien* de Hugues de Courson et Ahmed al Maghreby. Ça ne va pas ! Il faut quelque chose de plus moderne pour aider Aïssa à lutter contre la somnolence. Le mieux est encore de discuter. De quoi ? Des partis politiques ; le RND est une variante de l'ancien parti unique, le FLN ; le RCD est bien implanté en Kabylie ; le FFS dirigé par Aït-Ahmed a toujours évité les compromissions ; les partis islamistes (MSP, MRN, Nahda) qui finalement accepteraient que " *la langue amazighe soit consacrée langue nationale pour autant qu'elle soit transcrite en caractères arabes* " ; le PT, parti des travailleurs...

Aïssa décide d'aller jusqu'à Tikjda. Nous passons donc les collines rouges face à El-Adjiba et nous gravissons la montagne. Les paysages sont splendides et malheureusement trop dégagés car de nombreuses zones ont été incendiées dans le but de lutter contre les terroristes. Sur le bord de la route une pancarte continue de demander aux promeneurs de veiller au respect de la nature... La nature aura besoin de respect mais je pense que ça ne suffira pas et qu'il faudra un sérieux coup de main de l'homme pour que les cèdres poussent à nouveau sur ces pentes.

Nous passons près du complexe touristique ; il est en partie détruit. Les militaires ont construit une caserne à proximité et ils contrôlent les rares passages. Nous allons jusqu'au col et, pour avoir un souvenir commun de cette excursion, nous sommes contraints d'utiliser le retardateur : personne pour nous prendre en photo alors que ce fut un des lieux les plus fréquentés des Algérois (Algériens et Français).

Pour le retour sur Bouira nous empruntons la route directe, ce qui permet à Aïssa de me faire voir le deuxième centre de formation où il assure la direction pour quelques mois. Un jeune attend, assis sur le parapet d'un pont ; à ses côtés, un sac et une guitare (du moins un étui à guitare…). Aïssa s'arrête ; ils échangent quelques phrases et nous le prenons à l'arrière. En fait, c'est un stagiaire qui attendait l'occasion de rentrer en ville. Il quitte un paysage que je qualifie de photogénique.

Le centre de formation de Tifticine est neuf et apparemment fonctionnel. Apparemment, car on a construit un internat pour les jeunes filles dans la même enceinte que l'internat pour les stagiaires de sexe fort. Aussi les familles ne veulent pas que leurs filles s'y installent. Une telle proximité ne risque-t-elle pas de dégénérer en promiscuité ? Par ailleurs, le directeur par intérim constate que le surveillant n'a pas fait sa ronde car l'eau coule abondamment aux lavabos. S'il n'était pas passé, elle aurait probablement coulé jusqu'au surlendemain car c'est le week-end musulman (vendredi étant le jour de la grande prière).

À peine rentrés à la maison, nous allons centre ville pour acheter des bananes et à mon insu, chercher une boutique de souvenirs. Aïssa voudrait savoir ce qui plairait à Marie-Thérèse, Lucie et sa jeune sœur Solenne. Mes réponses sont évasives et il arrête son choix sur des bijoux. Nous passons aussi voir le premier centre où il a travaillé : c'était une exploitation agricole où l'on apprenait les techniques productivistes d'élevage et de cultures vivrières. Mais, depuis plusieurs années, l'agriculture n'est plus la priorité de l'Algérie si bien que le pays importe une bonne part des denrées consommées par la population.

*

Le <u>vendredi</u>, même chose : nous courons les magasins et les souks ! Pas de cartes postales et peu de possibilités pour les photos (les abords de la vieille mosquée sont couverts de monde). Le grand marché est un gigantesque bazar où l'on vend des fripes et des contrefaçons de marques internationales, de la quincaillerie… . Des hauts-parleurs vantent les bienfaits de potions miracles et les performances d'ustensiles à tout faire.

De chez lui, Aïssa téléphone à son beau-frère qui nous rejoint pour le repas un grand paquet sous le bras. Je ne me doute de rien ; en fin de repas, il déballe un tableau représentant un cavalier arabe et il explique que c'est pour moi, à défaut d'avoir trouvé un objet en bois sculpté. Je ne peux accepter un tel présent vu son prix supposé et son encombrement certain. J'ai déjà plus de choses que je ne pourrai en rapporter. Pour un prochain séjour, il faudrait envisager de venir en voiture !

Pour le moment, faisons une promenade à pied avec les enfants. Il suffit de traverser la rue pour se retrouver dans la campagne. La récolte de blé s'annonce médiocre car l'hiver a été trop sec. Et il en serait ainsi depuis des années ; ce qui est sûr c'est qu'avec la monoculture, les paysans risquent la faillite en une saison. Autrefois les pertes sur une production étaient compensées par les gains réalisés sur une autre ; ce qui permettait aux fermiers de vivre du produit de la terre.

Pour les enfants, c'est un bon moment avec leur père. Ils courent et jouent sur le sentier, s'intéressent aux plantes et aux animaux et discutent de tout et de riens (ces petits riens qui font le bonheur). Pour finir, nous leur payons des jus d'orange au café et nous commandons du thé à la menthe. Pour la première fois de ma vie, je vois quelqu'un préparer du thé avec du sirop de menthe verte. Jusqu'où ira le progrès ? Pas loin car le résultat est à peine buvable ! Les enfants sirotent leur jus d'orange pressée … et ils ont bien raison de ne pas se presser !

Cependant il faut songer à repartir à Tizi-Ouzou ; nous passons prendre le beau-frère avec lequel nous pourrons discuter le long du trajet. Il m'éclaire sur les villages agraires :
- 1000 avaient été prévus.
- 500 à 600 ont été construits dans les années 70.
- ils ont permis de limiter l'exode rural.
- la plupart de leurs habitants ne vivent plus de l'agriculture.
- certains d'entre eux sont devenus propriétaires de ces maisons.

Il raconte des anecdotes sur la corruption et l'arriération du pays :
- La 1ère met en jeu deux ingénieurs, un Français et un Algérien, qui ont fait leurs études ensemble, puis chacun a trouvé un poste dans son pays. Au bout de 2 ou 3 ans, le Français reçoit son ami sans regarder à la dépense et l'autre s'étonne de son train de vie. Il le conduit sur le dernier chantier dont il a eu la responsabilité : c'est un pont qu'il a réalisé ... à 90% (Il s'est bien sûr arrangé pour que personne ne s'aperçoive des 10% détournés). 2 ou 3 ans plus tard, l'Algérien invite à son tour son ami et le reçoit avec faste. Au point que celui-ci s'étonne de sa formidable réussite. L'Algérien l'emmène alors jusqu'au pont dont les travaux lui ont été confiés. Et là, le Français est encore plus étonné car, en guise de pont, il ne voit que quelques fondations qui peuvent servir de gué... L'Algérien explique qu'il a gardé 90% des fonds pour lui !
- La 2ème relate la visite d'une délégation de l'O.M.S. (Organisation Mondiale de la Santé) en Kabylie. Après la réception officielle par un "sous-préfet", les membres demandent à aller dans "l'Algérie profonde". Le sous-préfet les emmène dans un village sur les contreforts du Djurdjura. Surpris d'y trouver des équipements tels l'adduction d'eau potable, des égouts et un centre de santé, ils font remarquer au "sous-préfet" qu'ils ne désiraient pas voir un village-modèle mais une localité encore dépourvue du confort moderne. Et celui-ci est fier de leur dire qu'ils se font une fausse idée du développement de la région car tous les villages de sa circonscription ont l'électricité, l'eau, le téléphone...

Personne n'est passé au studio et je m'y sens seul. Je mange ce que mes colocataires ont laissé ; je fais ma lessive puis je me décide à aller téléphoner : les kiosques sont déjà fermés. J'avais oublié que ces boutiques ne fonctionnent pas 24 heures sur 24 comme les cabines téléphoniques. Elles ont cependant des avantages sur celles-ci : il n'est pas nécessaire d'avoir la monnaie ; le gérant connaît les indicatifs, on peut s'asseoir en attendant que la ligne soit libre ou que le correspondant rappelle…

Dans la demi-obscurité du soir, ma voisine travaille la terre de son jardin avec une pioche. Je suis au lit lorsque je l'entends couper de l'herbe dans "mon jardin". Aurait-elle un mouton à nourrir ? Et comme il fait nuit, je n'aurai pas, ce soir, la réponse à cette question. Dormons sur nos deux oreilles !

*

Ce <u>samedi 23</u> est peut-être mon dernier jour à Tizi ; il faut s'organiser. Tout d'abord un coup d'œil par la fenêtre pour me rendre compte de l'état du jardin. De grandes herbes ont été coupées… et ma voisine les a mises sur ses jeunes plants pour les protéger du soleil. Passage par la librairie pour prendre un dico trilingue que je laisserai à Nessim et avec lequel il pourra faire des exercices. 1er travail de conjugaison : mettre les phrases au futur simple. Trop facile : il baille et cherche à discuter des événements. (D'après lui, les émeutes vont continuer car un jeune est mort à Chemini tué par des balles en caoutchouc, le jeudi 14.) Coups de fil pour tenter encore quelques rencontres.

La piscine de l'hôtel n'est pas remplie mais ses abords sont aménagés avec tables, chaises et parasols. Aussi c'est là que Saïd et moi, nous nous installons pour boire ensemble une bière, lui à l'ombre, moi au soleil (Je veux en profiter au maximum.) Nous parlons de la préférence des pères pour leur(s) fille(s), discussion que nous prolongeons devant une pizza à l'hôtel Amrouane.

Lorsqu'il me dépose au studio, Arezki B. m'y attend : on doit convenir des modalités pratiques pour mon départ. Son collègue lui tient compagnie ainsi que le fils de celui-ci. Le petit qui sait à peine lire s'applique à recopier des phrases en français. Son père aimerait qu'il maîtrise notre langue mais il ne pense pas lui faire suivre des cours particuliers car dans l'enseignement fondamental, les enfants ont déjà beaucoup de travail de mémorisation.

Comme convenu, je vais retrouver Mohamed H. . Je descends au-delà de l'université Mouloud Mammeri. Erreur : les fourgons sont à nouveau stationnés plus près du centre-ville. Sous une chaleur inhabituelle (pour moi), je remonte la côte. Moh vient à ma rencontre ; il tient à la main un carton sur lequel il inscrit les fourgons par ordre d'arrivée et donc de départ. Il gesticule beaucoup et parle plus fort à l'adresse des chauffeurs.

On s'apprête à aller au café quand Ameziane nous rejoint ; il est accompagné d'un homme au teint basané et au strict costume bleu-marine. En marchant, ce monsieur parle de Taguemount : il pense que je sais qui il est. Et comme ce n'est pas le cas, je le lui demande. C'est un autre Mohamed (ils sont légion), Mohamed G. ! Ils ont hâte de voir les photos ; aussi nous allons au studio et nous mettons des noms sur les visages avec beaucoup d'application.

Tous les deux ont commencé par être enseignants mais ils ont dû abandonner à cause de l'arabisation. Moh travaille au sud : il surveille la corrosion sur les installations de forage et les oléoducs. Il a quatre enfants de 14 ans à quelques mois. Ameziane confectionne des vêtements de sport. Son garçon est lycéen et Lynda, sa fille handicapée s'occupe à la maison.

Après leur départ, je souhaite acheter un livre d'images pour Ferhat mais je croise son père dans la rue. Il accepte de m'attendre quelques minutes mais la grande-rue est encore le siège d'échauffourées et la librairie est fermée. Demi-tour. Au studio Arezki H. et son frère commencent à déballer cadeaux et provisions de route dont le fameux "pain kabyle". Je ne sais comment les remercier. Moh ne se lasse pas de regarder les photos de sa jeunesse : il faudra que je lui en envoie quelques-unes.

Madjid passe pour me prévenir qu'il viendra me prendre dans une heure. Il me propose de rencontrer Mokrane. J'ai beau chercher mais je ne connais pas de Mokrane parmi les anciens élèves. De fait c'est l'ancien cuisinier des Pères-Blancs. Nous allons à sa boutique, à son appartement et au café voisin sans plus de succès : Madjid voulait lui faire une surprise ; ce ne sera pas pour aujourd'hui !

Chez Madjid, l'escalier est large mais pas éclairé. Par contre l'appartement est très lumineux ; chacun y a aménagé sa pièce : une chambre pour Farida, un bureau pour Karim… et pour tous, une salle à manger avec des fauteuils de qualité. L'ensemble est agencé avec goût et sobriété. Nous regardons l'album de famille et nous constatons que la plupart des gens ont la mémoire courte. Ils s'accordent pour dire qu'il n'a pas neigé en Kabylie depuis bien des années. Or les photos prouvent qu'en 1998-99, il y a eu une bonne couche de neige !

Pour le repas, madame dispose tous les plats sur la table avant de commencer : salade de crudités et œufs, pommes de terre sautées et poulet, veau aux petits pois, fruits et limonade aromatisée au citron et au caramel. Ainsi, elle peut participer aux discussions entre convives. Elle y est à l'aise et c'est un honneur pour toute la famille.

TF1 diffuse un jeu avec des enfants vraiment doués. Farida et Karim s'en sortent bien (bien que Karim n'ose pas m'adresser directement la parole). Nous prenons une carte pour situer la Bretagne et on me demande ses particularités gastronomiques, touristiques et culturelles. Je parle des crêpes, du cidre, des grandes marées, de la langue bretonne, de la musique celtique, des fest-noz …

Nous discutons et nous regardons à nouveau les photos prises dans le Djurdjura. Très rapidement, nous nous rendons compte que Madjid est sur la plupart ! Nous réussissons à joindre Mohamed H. pour convenir du rendez-vous lundi à Tipaza. Il me faut rentrer et dormir pour profiter de mon dernier jour en Kabylie !

*

Le gros problème de ce <u>dimanche</u>, c'est de trouver où caser toutes les affaires apportées et reçues ! Je laisse quelques vêtements aux bons soins de Arezki B. . Dès 8 heures, départ pour Azeffoun avec lui, Saïd I. et Saïd S. La route est agréable : le revêtement est refait à neuf. L'ambiance est détendue : ils s'étonnent que j'ai pris mes affaires de bain. Le ravitaillement est fait à Freha : cabas très lourds car provisions pour la famille. Nous passons le col de Agouni ou Chergui (ainsi nommé sur la carte mais personne ne sait son nom). Les collines sont couvertes de genêts en fleurs et à l'horizon la mer est d'un bleu intense (bleu méditerranée sur les nuanciers des magasins de décoration).

Nous faisons les derniers cent mètres à pied car la route est défoncée et la voiture chargée risquerait de toucher. La maison de vacances est une villa avec terrasse construite un peu à l'écart dans un virage en épingle à cheveux. Elle est entourée d'un mur fermé par un solide portail. La terre du potager est préparée pour planter prochainement des tomates, le légume le plus apprécié pendant l'été. L'eau du puits affleure et une douche extérieure permet de se rincer au retour de la plage.

Le temps n'est que moyen mais nous faisons comme s'il faisait beau et chaud : nous nous asseyons au salon de jardin pour déguster une bière bien fraîche. Nous apprécions le bonheur de nous retrouver (bien que voisins, mes amis se voient rarement.) Nous parlons de l'actualité : le départ en douce des gendarmes des Maâtkas. Nous nous interrogeons sur la réforme de l'éducation : elle est semble-t-il très controversée. Nous nous entraidons pour la préparation du repas (salade et grillades). Je propose mon "pain kabyle" mais ici on ne l'apprécie qu'au petit déjeuner ; pour midi on préfère la baguette de pain parisien.

L'après-midi, nous allons nous balader en voiture. Le nouveau port d'Azeffoun est en voie d'achèvement : une digue le protège ; elle est renforcée par d'énormes blocs de béton enchevêtrés. Sur l'un d'eux, une famille pique-nique sans se soucier qu'un enfant pourrait tomber à l'eau. Les maisons des pêcheurs sont encore en construction ; en attendant, ils vivent et travaillent dans des baraques de chantiers. De gros poissons sont posés à même le sol au soleil : ils sont peu appétissants. Saïd demande autre chose ; on lui fait voir dans un congélateur (en fonctionnement ?) des rougets et des daurades. Il commande trois daurades pour le soir.

La route côtière est fréquentée par des femmes qui se rendent à un *marabout réputé* (sanctuaire). Maintenant la mer est bleu émeraude (vert émeraude ?). La côte est un peu escarpée avec quelques belles plages notamment celle du Petit Paradis. Un oued se prélasse à proximité : son embouchure est utilisée pour la production de légumes. Pas d'autre terrain agricole dans les environs : c'est le maquis.

De retour à Azeffoun, nous nous reposons au soleil pendant que Saïd est parti chercher les poissons. Nous admirons aussi un bateau en bois et comme je veux le prendre en photo, je remarque en arrière-plan des installations militaires. Il vaut mieux ne pas faire la photo sous cet angle ! Saïd tarde à revenir. N'aurait-il pas trouvé les pêcheurs un verre à la main ? C'est probable et sur le trajet du retour, il monologue. Je lui demande de me laisser au studio.

J'aimerais remettre à Arezki l'enveloppe que j'ai préparée. Il refuse avec véhémence, se doutant qu'il s'agit là de mon "loyer". Je lui propose d'en faire don aux nécessiteux mais il refuse de s'en charger. Qu'importe ; je trouverai un moyen. D'ailleurs, ne m'a-t-on pas parlé de Z. qui a une famille nombreuse et pas de travail ? J'ajoute dans l'enveloppe une photo du porteur de pain dans le djebel et mes sincères salutations…

Encore un tour en ville pour acheter une robe kabyle qu'une amie m'a commandée et des posters. Je trouve seulement un autocollant bilingue pour faire une méchante farce à Saïd. Rue Stiti Ali, je trouve Kamel et je le mets dans le coup. On me comble de cadeaux. Est-ce pour l'*Achoura* ou à cause de mon départ imminent ? Et la viande boucanée ? C'est bien une tradition pour la commémoration du martyr de Hussein, le petit-fils du Prophète. Je loupe une photo de Kamel ravi d'avoir son petit frère Zinou dans les bras. Personne ne cherche à prolonger cette soirée d'adieu : la tristesse risque de gagner du terrain !

*

Ce <u>lundi matin</u>, il faut terminer le livre ***La mise à nu*** pour le rendre à son propriétaire. Puis je pars à pied pour essayer de trouver Mokrane à son épicerie. La route est longue par l'université. Au "carrefour de la passerelle", je demande mon chemin à un policier. Il est embêté. Comprend-il le français ? Connaît-il le quartier ? Il me conduit au café à la surprise des clients. Son collègue me renseigne : je suis à 200 mètres de la Rue des Frères Bouchène. J'arrive juste pour l'ouverture du magasin mais c'est son fils qui est là. Mokrane n'arrivera que vers 9h30.

Par contre, quelqu'un m'aborde et dit m'avoir déjà rencontré. C'est fort possible puisqu'il est originaire de Taguemount-Azouz et qu'il vient deux fois par an à Rennes rendre visite à son frère qui tient un magasin d'informatique. Je remonte centre-ville par la rue qui longe la prison. À la librairie de l'Artisanat, je réserve le livre de Mehenni AKBAL : ***Les idées médiologiques chez Mouloud FERAOUN.*** ; le libraire, comme l'auteur, est de Taguemount. Décidément !

À l'Artisanat, je rencontre Madjid qui s'apprête à acheter une poterie ou un coffret en bois. Je devine son intention de me l'offrir. Je lui dis franchement que je ne peux accepter faute de place dans mes bagages. Nous parcourons ensemble les boutiques pour trouver la robe commandée par Nadia. Nous passons de boutique en boutique pour comparer : le client n'est-il pas roi ? Les prix vont de 550 à 1000 dinars. Je vois aussi une *fouta* (rectangle de tissu que les femmes portent comme une jupe) qui m'intéresse comme tenture mais le prix est exorbitant : 9500 dinars. D'après Madjid, il y en avait sur le marché de Belleville, à 12 francs pièce ! (moins de 2 euros !)

Nous passons par le studio pour prendre mes bagages et nous allons voir Mokrane. Il est déçu que ma visite soit si brève : pas même le temps d'aller boire un café ! Il nous donne quelques bananes pour la route. Et nous voilà partis pour Tipaza. Juste une halte boulevard Stiti

Ali pour laisser les draps et la clé et échanger des lettres (une à remettre à un ami et une à poster en France pour accélérer l'acheminement).

La route est agréable ; je suis à l'avant, ce qui arrange madame car elle se sent plus en sécurité à l'arrière. Karim apprécie l'atterrissage d'un gros avion : il semble faire du surplace. Nous évitons Alger grâce au périphérique. Puis nous prenons la route vers Bou-Smaïl ; c'est là que la famille construit une villa en front de mer. Pour cela, ils ont constitué une coopérative immobilière avec deux autres familles. Chacune disposera d'un étage attribué par tirage au sort. Les trois niveaux sont identiques : un appartement de type 4 et un studio indépendant. Au rez-de-chaussée, il y a aussi trois garages et une grande pièce commune. C'est bien pensé ! Ici, ils espèrent profiter du dépaysement et en faire profiter la famille élargie et les amis.

Nous poursuivons la route vers Tipaza ; nous nous permettons même de petits crochets pour voir un port de pêche très actif et des complexes touristiques. Je propose de manger mais Madjid préfère que nous allions devant l'A.P.C. (équivalent de la mairie) voir si Mohamed H. est là. Comme il n'y est pas, nous téléphonons chez lui et sa femme nous confirme qu'il est parti. Peut-être qu'il ne me reconnaît pas ; moi je fais les cent pas aux alentours en dévisageant les hommes qui ont la quarantaine.

Au bout d'un moment, voilà une ancienne 205 avec un petit homme et trois garçons souriants. Mohamed et Madjid discutent entre eux et je finis par comprendre que mon chauffeur a accepté l'invitation d'aller jusqu'à la maison pour déjeuner. La route est longue et quasiment déserte ; en voyant l'antenne, je crois être arrivé mais il faut encore rouler. Nous sommes accueillis par madame et sa grande fille ; toutes deux portent un foulard qui couvre les cheveux et la nuque.

Dans la salle, je ne prends pas garde d'enlever mes chaussures ; Madjid et Karim, non plus ! L'attente est un peu longue ; madame n'avait probablement pas prévu recevoir quatre personnes. Peu importe : elle sait recevoir et prépare une chorba, une salade composée et du café. Puis elle invite la femme de Madjid à déjeuner dans la cuisine alors qu'elle nous sert, nous les hommes (Madjid, Karim et moi) dans la salle. Nous discutons avec Mohamed et nous entendons les femmes discuter entre elles. Il faut savoir s'adapter à d'autres coutumes ; je serai curieux de savoir comment la femme de Madjid prend ça, elle qui vit à l'européenne. Mais je ne peux lui poser la question devant mes hôtes lorsque nous nous retrouvons tous dans l'entrée. Je lui dis au-revoir ainsi qu'à Madjid et Karim ; ils repartent en Kabylie.

Mohamed propose d'aller à Tipaza ; les garçons sont partants. Il invite aussi Zineb mais elle décline son invitation. Nous serons déjà 5 dans la 205 ! Lorsque nous arrivons aux ruines romaines il est 17h05 ; le gardien nous accorde quelques minutes. Mais peut-on visiter un site de plusieurs hectares en quelques minutes ? On y reste plus d'une heure. Les paysages sont splendides et les vestiges nombreux : temples, bains, habitations avec mosaïques et surtout des sarcophages et encore des sarcophages. Quelle pouvait être la population de cette cité ?

À l'extrémité du terrain, on rencontre un artiste qui travaille le cuir (un vieux cartable) avec une gouge comme si c'était du bois. On a l'impression qu'il fait partie du décor ; sa cabane est sans doute dissimulée quelque part dans les broussailles. Il nous parle d'une stèle qui porte l'inscription d'une phrase d'Albert CAMUS. Nous trouvons la pierre mais nous avons du mal à déchiffrer les caractères. Probablement cette définition de la gloire : JE COMPRENDS ICI CE QU'ON APPELLE GLOIRE : LE DROIT D'AIMER SANS MESURE.. (Extrait de *Noces : À Tipaza.*) On marche encore un peu mais il ne faudrait pas risquer de passer la nuit ici car les enfants ont froid.

De retour à la maison, je fais ma toilette avant le repas que nous prenons entre hommes à la cuisine. Puis nous regardons s'il y a quelque chose d'intéressant sur ARTE ou TV5 : Bof ! Hisham me montre son abécédaire et commence à réciter l'alphabet. Abdenour est un peu jaloux. Et comme les enfants quittent "ma chambre", j'essaie de lire mais le besoin de dormir se fait sentir. Si bien que je dors lorsque Saïd I. appelle pour prendre de mes nouvelles. (Lui qui se vante d'être un "couche-tôt" !)

*

Au petit matin de ce <u>mardi</u>, je suis en forme. Le petit déjeuner est nourrissant : omelette sucrée et *croquant* (galette sablée épaisse). Je range et fais mon lit ; ce qui étonne Youcef, 15 ans. Comme il m'a demandé de l'aider en français, je relève dans son manuel de 9ème A.F. (9ème année d'école fondamentale) les notions de vocabulaire, de grammaire et de conjugaison pour la préparation du B.E.F. (Brevet de l'École Fondamentale). Ses petits frères jouent au jeu vidéo alors que leur père fait sa prière à haute voix en récitant quelques versets du Coran. Et ces deux musiques (celle du jeu vidéo et celle de la prière) sont répétitives ; cela pourrait m'agacer ; au contraire, j'éprouve un certain bien-être !

Nous décidons de nous promener dans la campagne environnante : il y a surtout des champs de blé mais aussi des arbres fruitiers (les nèfles sont bien formées) et des légumes (les ouvriers sont occupés à biner). Ce sont d'anciennes fermes coloniales et seulement quelques bâtiments sont utilisés. Les autres ne sont pas adaptés aux productions actuelles. Sur le chemin du retour, nous rencontrons des enfants qui surveillent un troupeau de chèvres et de moutons.

Comme le soleil est légèrement voilé, je propose de faire des photos de la famille avant de partir à Cherchell. On reste aux abords de la maison ; au-delà c'est une zone militaire ! Nous passons près de la montagne du Chenoua et nous suivons la route côtière sur plus de 15 km. Ce que l'on voit tout d'abord à Cherchell, ce sont ces vieux arbres (des micocouliers ?) ; leurs troncs sont boursouflés et leurs têtes taillées, si bien que leurs bases sont plus volumineuses que leurs cimes. Pour en faire une photo, je place Abdenour et Hichem au premier plan.

Au marché aux légumes, nous goûtons des fraises. Je dis qu'elles sont fades. Le marchand écarquille des yeux : il ne connaît pas le mot. Au marché aux poissons, Mohamed va se ruiner : il fait mettre de côté trois limandes et deux kilos de rougets. En librairie, je trouve un répertoire et le fameux dictionnaire trilingue à 150 dinars. Je fais gentiment remarquer que je l'ai acheté 140 à Tizi-Ouzou. On me le fait à 130 ! Je pense à faire ma provision de *ras-el-hanout* (mélange d'épices que j'utilise pour le couscous). Nous avons des difficultés à trouver la boutique ; sans enseigne, elle n'est guère visible dans cette ruelle. On y vend pourtant quantité de condiments indispensables pour la cuisine méditerranéenne.

Pendant la prière, j'attends à l'extérieur de la mosquée centrale. C'est une ancienne église qui a l'aspect d'un temple romain. Certains pratiquants arrivent à l'appel du muezzin mais ils restent un moment à discuter sur le parvis. Résultat : Mohamed m'indique en sortant que ça a été long car on les a fait attendre avant de commencer !

En ville, nous passons au café pour boire du thé et de la *gazouze* (limonade) pour les enfants. Un ancien confie à Mohamed qu'il attend les papiers pour partir en France car son père a fait 39-45. En le quittant, je ne veux pas le décevoir et je lui dis de garder espoir. Ici comme ailleurs, l'espoir fait vivre.

Mohamed n'est pas pressé de rentrer ; il s'intéresse à une motopompe, à des moules à gâteaux et à divers articles. Je prends aussi mon temps pour acheter des cartes postales. Un café au lait nous attend à la maison. Je fais mon courrier. Arrive le repas avec les produits du marché : fèves (gousses et grains) cuites à l'huile d'olive, limande et purée de pommes de terre, fraises.

On appelle Abdelkrim à Alger. Sa femme répond qu'il n'est toujours pas là. Cela m'inquiète car on doit se retrouver le lendemain dans la capitale. Mohamed me propose de rester chez lui jusqu'à vendredi matin. Je ne peux prendre un tel risque : mon avion est à 8 heures. Je sors mon billet d'avion pour vérifier. Les enfants me demandent à le voir et il passe de main en main. Pour eux, c'est un véritable sésame, une clé pour l'aventure.

*

Allah issabri ! (Que Dieu me donne la patience !) en ce mercredi 27. Pourrai-je partir à Alger aujourd'hui ? J'en doute. Mohamed et sa femme me réconfortent en me proposant à maintes reprises de rester jusqu'à demain ou même vendredi très tôt. Ils m'emmèneront à l'aéroport ; ils l'ont bien fait pour le père de Mohamed qui allait souvent en France. Maintenant, il vit à Sidi-Daoud avec sa deuxième femme mais celle-ci n'est pas appréciée par le fils car elle ne fait pas grand chose. Elle ne cueille même pas les figues fraîches et ce sont les insectes qui se gavent des fruits gorgés de sucre. Mohamed espère retourner vivre lui aussi au village ; il a d'ailleurs planté un hectare de vigne qui lui donnera du raisin de table et une occupation pour la retraite.

Abdelkrim appelle vers 9 heures et dit avoir appelé vers minuit. À cette heure-là, personne n'a entendu le téléphone. Avec moi, il fixe un rendez-vous en milieu d'après-midi. Mohamed prend le combiné et comprend qu'il sera là vers 11h . J'ai du temps pour lire ***Je t'offrirai une gazelle*** de Malek Haddad. Ce roman me semble ardu jusqu'au moment où je trouve la clé de lecture : deux histoires sont racontées alternativement. (celle de Yaminata par le chauffeur du camion touareg et celle de l'auteur immigré à Paris par lui-même). Des phrases sont à méditer ; je prends note de celles-ci :
- *« Le silence est une marque de respect.»*
- *« Seul le nombre d'étoiles peut donner une idée de la nuit.»*
- *« Le destin, quand il porte un képi, il faut s'en méfier deux fois.»*
- *« L'amitié est un privilège des temps de paix.»*
- *« Un écrivain ne devrait avoir de comptes à rendre qu'à ses personnages.»*

Je travaille aussi avec Youcef. Il est bon à l'écrit mais il utilise la formule "Il y a ..." pour répondre aux questions les plus simples.
« As-tu un livre de français ?»
- *Il y a un livre de français.*
Est-ce si difficile de dire OUI ? (ou NON)
Pendant ce temps, Abdenour recopie des phrases choisies dans le dictionnaire.

Vers 11h c'est l'effervescence. Chacun s'habille "classe" pour recevoir Abdelkrim.

« *N'est-ce pas trop tôt ?* »

- *NON !*

Pour le repas, ce sera de la semoule de couscous au petit lait et des olives "maison". Je demande la façon de les préparer sans aucun produit chimique. Il faut les fendre puis les faire tremper dans plusieurs eaux et enfin les mettre dans la saumure.

15h : personne ne s'annonce ; pas de soucis !
16h : vérification de la tonalité au téléphone.
18h : coup de fil chez Abdelkrim ; il est parti.
19h : coup de fil de ses enfants ; non, il n'est pas arrivé.
Entre-temps, Youcef est allé plusieurs fois au portail. On s'inquiète pour Abdelkrim ; lui serait-il arrivé quelque chose ?

Vers 20h nous recevons un appel de Tipaza. Mohamed répète que le centre R.T.A. est à 2 km de la ville. Heureusement qu'Abdelkrim suit la piste au-delà de ces 2 km. car il y en a bien 5 !. Nous sommes au portail lorsqu'il arrive avec un ami. Nous leur donnons l'accolade et nous allons à la maison juste pour prendre la valise et échanger avec la famille des "au-revoir !" rapides mais émouvants.

Le long de la route, nous faisons plus ample connaissance. Abdelkrim est administrateur de biens et son ami Salah, éleveur de chevaux en France. Pour se faire pardonner de m'avoir fait attendre, il me raconte quelques blagues. Comme celle-ci : « *Partout dans le monde, quand un pays touche le fond, il finit par remonter... Nous, les Algériens, on creuse.* » Il me semble avoir entendu ça quelque part. Est-ce que ce ne serait pas l'humour de FELLAG ?

Nous n'allons pas à l'appartement que j'ai fréquenté en 74, mais dans le nouveau quartier de Birmandreis. Abdelkrim vit en famille au 4ème étage d'un immeuble récent mais dont la finition est déplorable : le vent passe !

Après le repas, nous allons sur les hauteurs de la ville tout d'abord pour me montrer une villa au milieu d'un immense parc arboré. C'est la propriété d'une Française qui a quitté les lieux l'année dernière et qui a confié la gestion de son bien à Abdelkrim. Ensuite, pour déposer Salah à l'entrée d'un palais, genre illustration des *Mille et une nuits*. En fait, ce fortin turc lui appartient car il l'un des descendants des Beys.

Sur la même colline, on construit actuellement plus de 1000 logements avec la participation de la Banque mondiale. Si le développement reprend et, avec lui, l'économie, le Pays va avoir besoin de capitaux étrangers. Il en est déjà question avec la privatisation de sociétés d'État. Cette libéralisation et cette ouverture économiques sont peut-être un moyen pour que l'Algérie s'ouvre aussi culturellement et politiquement. Mes interlocuteurs restent sceptiques voire désabusés. Le mot qui revient le plus souvent lorsqu'ils parlent de l'Algérie est *manipulation* (Voir "Qui manipule qui ?" en Annexe 1).

Les glissements de terrain dus aux intempéries de novembre 2001 sont bien visibles à flanc de colline. Des routes et des arbres ont été emportés. Pour accéder à certaines propriétés, il faut emprunter des pistes ouvertes au petit bonheur la chance à travers les chantiers, les propriétés privées tout en contournant les immeubles déjà construits. Pourvu que les fondations soient solides !

*

Mon dernier jour à Alger, ce jeudi 28, je le passerai à sillonner la capitale de long en large, et en travers. En effet, dans son travail, Abdelkrim doit faire face à tous les imprévus. Ce qui ne lui laisse guère de temps pour la famille. Son "petit dernier" est intimidé par ma présence. À l'image de ses frères, que je prends pour des jumeaux, il est potelé. Comme en Amérique et en Europe, les pré-ados d'ici passent beaucoup de temps devant la télé et les jeux vidéo. Et plus qu'ailleurs, ils ont besoin de compensations (difficultés à se projeter dans l'avenir et tout simplement à aller à la plage, au cinéma, chez des amis). Pas étonnant qu'ils succombent aux attraits des publicités pour tout ce qui se bouffe !

- 1ère destination : la maison de Madame De …, la Française. 1ère déconvenue : la maison a été visitée et il manque un réchaud. Par contre, des livres anciens, qui ont plus de valeur à mes yeux, sont à leur place sur une étagère.
- 2ème destination : le fortin de Salah Bey. Celui-ci m'invite à visiter son palais ottoman. J'apprécie la lumière particulière des murs blanchis à la chaux, les petites "fenêtres" pratiquées dans les "cloisons" pour éclairer les pièces centrales, le sol dallé de marbre et les multiples niches et recoins, paradis des enfants !
- 3ème destination : l'étude du notaire. Il est absent et Abdelkrim aurait dû le savoir puisqu'il avait essayé de lui téléphoner sans succès une demi-heure plus tôt. Je crois comprendre qu'il a voulu s'en assurer car il attend un chèque important !
- 4ème : celle de l'avocat. Pendant l'entrevue avec l'homme de loi, j'achète le journal (la situation a encore empiré en Kabylie) et une carte de vœux pour les jeunes mariés (le neveu du cousin de la femme d'Abdelkrim que nous avons croisé le matin et qui nous a invités pour le soir-même).
- 5ème : Passage chez les Pères-Blancs du Ruisseau. L'accueil est un peu froid bien que le double portail soit largement ouvert. Et c'est là le paradoxe : le Père qui nous reçoit se demande si nous ne profitons pas que le portail est ouvert pour entrer avec de mauvaises intentions. Lui n'est là que de passage et son inquiétude se dissipe avec l'arrivée d'un compère. C'est l'heure de l'apéro mais le choix s'est réduit car "*une bouteille vient de décéder*". Les jeux de mots semblent leur occupation favorite dans ce temps de convivialité. « *Alors, vous faites un voyage-tourisme ou un voyage tous-risques ?* » « *Le Père X… a été emmené à l'hôpital, mais avec quel père-mission ?* »
- 6ème : un restaurant de spécialités kebab. L'agencement en inox et en verre lui donne un aspect très moderne. De plus, ce sont des matériaux qui mettent en évidence la moindre trace de gras ou une simple merde de mouche. Mais rien à redire ; c'est nickel ! Je ne comprends pas bien l'utilité d'une autre salle appelée "Salle familiale" : des couples, des familles avec enfants sont nos voisins de table !
- 7ème : Retour au fort. Abdelkrim, qui suit la rénovation, est admiratif devant le travail traditionnel du maçon. Celui-ci est capable

de reproduire la courbe d'un dôme sans aucun instrument de mesure. Par contre, il critique le travail du plombier au moment de le payer. Et ça marche : l'artisan accepte de revoir son prix à la baisse parce que le moteur de la pompe est un peu bruyant ! (Je n'ai pas compris toutes les subtilités de la négociation.)

- 8ème : Passage à la villa du Général Massu. Elle est habitée et Abdelkrim demande qu'on prenne l'entrée en photo. Ces pierres polies par les ans témoignent d'une construction antérieure à 1830. Et c'est ce qui l'intéresse particulièrement.
- 9ème : Thé chez un ami d'Abdelkrim. C'est un ancien cadre de la justice. Cela ne lui épargne pas les déboires avec l'administration : on lui a coupé le téléphone car son chèque n'a jamais été encaissé. Même conséquence pour une de ses connaissances qui a payé en espèces mais l'employé(e) a crédité un autre compte ! Quant à son fils, Air-Algérie lui a demandé un jour de prendre l'avion pour Marseille alors qu'il avait un billet pour Lille. Au bout de trois ans de démarches, la compagnie lui a offert un vol Alger-Paris !
- 10ème : Magasin d'appareils audio-visuels. Abdelkrim doit récupérer un démodulateur pour que Salah reçoive correctement les chaînes cryptées.
- 11ème (Est-ce que ça ne finit pas par ressembler à un chemin de croix ?) : Les abords de la "salle de mariage" C'est une salle louée pour l'occasion et où, tout l'après-midi, les femmes ont dansé et se sont régalées. (Du moins c'est ce qu'on m'a raconté car pas question de jeter un œil !)
- 12ème : L'extension de la maison familiale du marié (ou de la mariée). Une dalle a été coulée, des chaises alignées sur plusieurs rangs pour la soirée Chaâbi. La préparation de la "scène" se fait au dernier moment. Des jeunes installent des tentures et deux ou trois ampoules, apportent quelques fauteuils et une table basse, décorent avec des bouquets artificiels. Ils font de leur mieux pour que tout soit prêt pour les musiciens mais un membre de la famille (frère, oncle ou cousin) leur fait tout changer à son arrivée. Vers 20h30, la "scène" peut accueillir les artistes. Ce sont les techniciens qui arrivent avec plusieurs caisses de matériel de sonorisation. On ne leur a pas laissé assez d'espace : il faut modifier à nouveau la disposition et repousser les sièges. De plus, les branchements sont insuffisants : on enlève les guirlandes électriques pour brancher la sono. Les musiciens sont là

pour 21h30. Le temps de faire des essais, ils ne commencent à jouer qu'une demi-heure plus tard et encore, ça commence tout doux. Abdelkrim me rassure : il y a traditionnellement deux morceaux lents puis des airs plus rythmés. En effet après une bonne demi-heure de plus, les musiciens semblent se réveiller et les jeunes se mettent à danser… Pendant les trois heures passées ici, Abdelkrim a réussi à obtenir du thé et quelques gâteaux. N'est-il pas un peu de la famille puisque le marié est le neveu du cousin de sa femme ?

- 13ème : L'appartement de Birmandreis. Tout le monde est au lit et après avoir bouclé la valise, je fais de même.

*

<u>Vendredi 29</u>. Mon voyage à l'envers se termine. Vol Alger-Toulouse-Nantes : une demi-heure de retard à cause d'un passager qui a eu un malaise à l'embarquement. Inquiétude à Toulouse car de l'avion, je vois qu'on décharge une valise identique à la mienne. Attente à Nantes à cause des correspondances : avion, bus et train. Dans celui-ci aucune place pour moi et mes bagages, alors je voyage en 1ère classe avec un billet de 2ème classe et je me dis que je risque d'être condamné. Coup d'œil sur mon agenda : il faut revenir à mes repères culturels habituels. Nous sommes le Vendredi-Saint, jour de la condamnation à mort de Jésus sur la croix ! Me reviennent à l'esprit les paroles qu'Il a adressés à Dieu son Père (notre Père à tous) : « *Père, pardonne-leur car ils ne savent pas ce qu'ils font.* ». Vingt siècles plus tard, les hommes ont-ils plus conscience de la portée de leurs actes ?

FIN

" **Voyage à l'envers."** : Ce titre existe probablement ! Une recherche bibliographique avec comme clé le mot "envers" me fournit plus d'une centaine de pistes, dans des domaines très variés : albums pour enfants, romans, essais, livres d'art, documentaires, anthologies, bandes dessinées, recueil de poésies ou de nouvelles, pièces de théâtre ... Un titre retient mon attention à la première lecture : "***L'Envers et l'Endroit.***" de Albert CAMUS, publié en 1937, ouvrage regroupant 5 essais, méditation sur le destin de l'homme, le soleil, la mort, l'isolement... (Voir Annexe 2). Dans la réédition de 1958, Albert Camus avait ajouté ce témoignage : " *Ma source est dans l'Envers et l'Endroit, dans ce monde de pauvreté et de lumière où j'ai longtemps vécu.*"

*

Et puis ce titre " *À l'envers et à l'endroit.*" m'arrive un matin par la voie des ondes. En effet, j'entends la chanson " *À l'envers, à l'endroit.*". Je l'aime dès le premier refrain et je tends l'oreille pour savoir de qui est-ce. C'est l'heure des infos et il me faudra attendre plusieurs jours avant qu'elle repasse. Cette fois j'ai les références. C'est une chanson de l'album " ***Des visages, des figures.***" de Noir Désir. (Paroles en Annexe 3)

*

Dernière précision orthographique : j'écris " L'Endroit " avec une majuscule en souvenir du café de Tizi-Ouzou qui porte ce nom et où j'ai toujours été cordialement accueilli. Son décor de stuc me laisse supposer que son histoire est ancienne et complexe. C'est un lieu idéal pour laisser courir son imagination ...

Qui manipule qui ?
Annexe 1

« *Qui manipule qui ?* » Voilà la question qui me taraude depuis mon séjour en Algérie en mars de cette année. Elle s'est imposée à moi le mardi 12 mars lorsque, de la terrasse d'une cafétéria de Tizi-Ouzou, j'ai vu des centaines de collégiens et lycéens dépasser le rond-point de La Poste et s'engouffrer dans La Grande Rue pour se diriger vers la Gendarmerie. Rien d'étonnant (ni encore de détonant) si ce n'est que, depuis le matin-même, je pouvais annoncer cette soudaine mobilisation de masse : pendant mon petit-déjeuner, j'avais clairement entendu mes voisins de table décider « *À 14 heures, on parachute les élèves.*» Ainsi quelques-uns avaient pris l'initiative d'utiliser la fougue adolescente pour obtenir le départ de la Gendarmerie et l'annulation du scrutin du 30 mai !

Ces jeunes avaient-ils d'autres revendications qu'un avenir vivable dans leur pays ? Des émeutiers m'ont dit qu'ils réclamaient la condamnation de ceux qui ont tué une quarantaine d'entre eux depuis le printemps noir. Tout en risquant que cette liste macabre s'allonge et c'est ce qui est arrivé les jours suivants. Lors de ces affrontements, les adultes étaient nombreux mais comme spectateurs, en retrait, dans les rues perpendiculaires, sur des gradins... N'ont-ils pas le devoir de demander justice ? Ils ont l'éloquence : pour peu qu'on prenne un peu de temps pour discuter, l'interlocuteur en arrive toujours à parler politique.

Tel ce responsable de la Fondation Matoub Lounès qui me fait découvrir l'habitude de certains journaux de mettre à la une des actes "terroristes" alors que ce sont parfois des règlements de compte ou des crimes passionnels, et ainsi justifier le tout-sécuritaire (sans l'écrire). Mais cette fondation ne fait-elle pas aussi de la démagogie sur son site Internet en posant la question : « *Selon vous, qui a assassiné Matoub ?*»

Tel ce citoyen militant du RCD qui ne comprend pas ce que son parti est allé faire en participant à un gouvernement qui n'avait pas de pouvoir réel. Il se demande toujours ce qu'en haut-lieu, on a bien pu promettre à ces ministres pour qu'ils acceptent de s'exposer ainsi au discrédit.

Telle cette mère de famille qui, bien que n'ayant été scolarisée que jusqu'à 13 ans, est inquiète à cause du manque de rationalité dans l'enseignement fondamental. On interdit à ses enfants l'accès à la compréhension du monde moderne. Chercherait-on à les maintenir dans un certain obscurantisme au risque d'en faire des islamistes en puissance ?

Tel cet employé de Wilaya qui s'étonne qu'on a refusé à lui et à ses collègues, une augmentation salariale alors qu'on trouve les fonds pour remplacer les lampadaires détruits lors des émeutes. Les responsables de l'APW empocheraient-ils une commission sur l'achat du matériel de voirie importé par tel Général ?
Ainsi quelques-uns tireraient profit du désordre actuel et auraient tout à gagner à ce qu'il perdure !

En qui, en quoi peut-on avoir confiance ? Il semble bien que ce mot n'ait plus crédit au-delà de la Méditerranée dans les relations entre Algériens. Je peux témoigner que l'hospitalité est sans faille pour l'étranger mais que les gens ont une grande désillusion envers leurs concitoyens surtout dans leur capacité de placer l'intérêt général avant leurs avantages particuliers.

Et pourtant, n'est-ce pas là que se trouve la clé du problème algérien ? (Re)<u>donner toute leur place aux représentants du peuple</u> en suivant ainsi l'inscription peinte sur un mur à Sidi-Aïch "PRIMAUTÉ DU POLITIQUE SUR LE MILITAIRE". En refusant tout processus électoral, les Arouchs (mandataires des comités de villages), qui se disent apolitiques, ne risquent-ils pas de faire le jeu des généraux ? Il ne suffit pas de s'en remettre au destin car *"le destin, quand il porte un képi, il faut s'en méfier deux fois."* (Malek Haddad : *Je t'offrirai une gazelle.*)

GéLamBre. Avril 2002

L'Envers et l'Endroit.
Albert CAMUS 1937
(extraits)
Annexe 2

C'était une femme originale et solitaire. Elle entretenait un commerce étroit avec les esprits, épousait leurs querelles et refusait de voir certaines personnes de sa famille mal considérées dans le monde où elle se réfugiait.

Un petit héritage lui échut qui venait de sa sœur. Ces cinq mille francs, arrivés à la fin d'une vie se révélèrent assez encombrants. Il fallait les placer. Si presque tous les hommes sont capables de se servir d'une grosse somme, la difficulté commence quand elle est petite. Cette femme resta fidèle à elle-même. Près de la mort, elle voulut abriter ses vieux os. Une véritable occasion s'offrait à elle. Au cimetière de sa ville, une concession venait d'expirer et, sur ce terrain, les propriétaires avaient érigé un somptueux caveau, sobre de lignes, en marbre noir, un vrai trésor à tout dire, qu'on lui laissait pour la somme de quatre mille francs. Elle acheta ce caveau. C'était là une valeur sûre, à l'abri des fluctuations boursières et des événements politiques. Elle fit aménager la fosse intérieure, la tint prête à recevoir son propre corps. Et, tout achevé, elle fit graver son nom en capitales d'or.

Cette affaire la contenta si profondément qu'elle fut prise d'un véritable amour pour son tombeau. Elle venait voir au début les progrès des travaux. Elle finit par se rendre visite tous les dimanches après-midi. Ce fut son unique sortie et sa seule distraction. Vers deux heures de l'après-midi, elle faisait le long trajet qui l'amenait aux portes de la ville où se trouvait le cimetière. Elle entrait dans le petit caveau, refermait soigneusement la porte, et s'agenouillait sur le prie-Dieu. C'est ainsi que, mise en présence d'elle même, confrontant ce qu'elle était et ce qu'elle devait être, retrouvant l'anneau d'une chaîne toujours rompue, elle perça sans effort les desseins de la Providence. Par un singulier symbole, elle comprit même un jour qu'elle était morte aux yeux du monde. À la Toussaint, arrivée plus tard que d'habitude, elle trouva le pas de la porte pieusement jonché de violettes. Par une délicate attention, des inconnus compatissants, devant cette tombe laissée sans fleurs, avaient partagé les leurs et honoré la mémoire de ce mort abandonné à lui-même.

Et voici que je reviens sur ces choses. Ce jardin de l'autre côté de la fenêtre, je n'en vois que les murs. Et ces quelques feuillages où coule la lumière. ... une seule lueur naissante et me voilà rempli d'une joie confuse et étourdissante. ... La vie est courte et c'est péché de perdre son temps. Je suis actif, dit-on. Mais être actif, c'est encore perdre son temps, dans la mesure où l'on se perd. ... Laissez donc ceux qui veulent tourner le dos au monde. ... ce qui compte c'est d'être vrai et alors tout s'y inscrit, l'humanité et la simplicité.

Un homme contemple et l'autre creuse son tombeau : comment les séparer ? Les hommes et leur absurdité ? Mais voici le sourire du ciel. La lumière se gonfle et c'est bientôt l'été ? Mais voici les yeux et la voix de ceux qu'il faut aimer. Je tiens au monde par tous mes gestes, aux hommes par toute ma pitié et ma reconnaissance. Entre cet endroit et cet envers du monde, je ne veux pas choisir, je n'aime pas qu'on choisisse. ...

À l'envers, à l'endroit.
Noir Désir (2001)
__Annexe 3__

On n'est pas encore revenu du pays des mystères.
Il y a qu'on est entré là sans avoir vu de la lumière.
Il y a l'eau, le feu, le computer, Vivendi et la terre.
On doit pouvoir s'épanouir à tout envoyer enfin en l'air.

On peut toujours saluer les petits rois de pacotille.
On peut toujours espérer entrer un jour dans la famille.
Sûr que tu pourras devenir un crack boursier à toi tout seul.
On pourrait même envisager que tout nous explose à la gueule.

Autour des oliviers palpitent les origines.
Infiniment se voir rouler dans la farine.
À l'envers, à l'endroit, à l'envers, à l'endroit.
À l'endroit, à l'envers, à l'envers, à l'endroit.

Y a-t-il un incendie prévu ce soir dans l'hémicycle ?
On dirait qu'il est temps pour nous d'envisager un autre cycle.
On peut caresser des idéaux sans s'éloigner d'en bas.
On peut toujours rêver de s'en aller mais sans bouger de là.

Il paraît que la blanche colombe a trois cents tonnes de plombs dans l'aile.
Il paraît qu'il faut s'habituer à des printemps sans hirondelles.
La belle au bois dormant a rompu les négociations.
Unilatéralement le prince entame des protestations.
Doit-on se courber encore et toujours pour une ligne droite ?
Prière pour trouver les grands espaces entre les parois d'une boîte.

Serait-ce un estuaire ou le bout du chemin au loin qu'on entrevoit ?
Spéciale dédicace à la flaque où on nage, où on se noie.

Autour des amandiers fleurissent les mondes en sourdine.
No pasaran sous les fourches caudines.
À l'envers, à l'endroit, à l'envers, à l'endroit.
À l'endroit, à l'envers, à l'envers, à l'endroit.

Paroles de Bertrand CANTAT
Clip : https://www.youtube.com/watch?v=9DEBJOxX9rY

LIEUX :

	Page :
ALGÉRIE, LE PAYS DES ÎLES.	91
LA KALÂA DES BENI-HAMMAD.	92
LE PALMIER DE TIZAGHARINE.	93

ALGÉRIE, LE PAYS DES ÎLES

Aussi vaste que la Mer Méditerranée,
Le pays doit son nom aux îlots d'Alger.
Grande est son histoire, des Numides aux Républicains ;
Étonnante, la multitude d'édifices romains.
Rien ne subjugue plus le touriste que la Kalâa des Beni-Hammad,
Irréelle forteresse détruite par les Almohades.
Et quelle fraîcheur dans les palais de Schéhérazade !

Plus à l'ouest que le torride désert libyen,
Aux dires des Arabes, le soleil se couche en son sein.
Y fait-il mûrir d'incomparables fruits ?
Sûrement ! les clémentines, les dattes et les figues de barbarie.

De Tlemcen à Annaba, on vous accueille en frère,
Enchantement des papilles, détente musculaire…
Sans échapper, au Sahara, aux trois thés, rite séculaire.

Inutile de vouloir tout photographier et relater !
Les récits de voyage ne livrent pas l'exacte diversité.
El Asnam, Ghardaïa, Bouira, Cacentina et Alger
Sont autant d'îles culturelles avec chacune ses spécificités.

GéLamBre 2002

LA KALÂA DES BENI-HAMMAD

Les kilomètres ont défilé depuis Alger,
Alger la capitale, comme Cirta, Tlemcen et aussi,

Kalâa des Béni-Hammad, en leur temps.
Après M'Sila, la roche barre l'horizon,
La haute tour rectangulaire s'impose
A nos yeux et à notre fougue d'y grimper.
Aux marches succèdent d'autres marches.

D'en haut, le paysage est minéral sauf,
En contre-bas, un oued, quelques peupliers et
Surtout, un fellah labourant avec deux mulets.

Belle image d'une tradition séculaire.
Ni fortifications, ni sculptures, ni stucs peints.
Il paraît que ces trésors sont à Constantine !

Hammad, fils de Bologhine, avait fondé cette capitale,
Aux parements de faïence en étoiles à huit branches,
Mais, face aux Fatimides, Al Mansour se replia à Bougie.
Moi, j'ai été conquis par cet endroit en dehors du monde.
Aujourd'hui, je pense encore à ce paradis rudimentaire et
Délicieux car sans les prêcheurs et les envieux.

GéLamBre 2021

LE PALMIER DE TIZAGHARINE

Loin, aussi loin que mon enfance première
Etonnant était l'arbre du désert.

Plus haut que le minaret de la mosquée,
Au ciel de la lune, il paraissait toucher.
Les oiseaux s'y cachaient pour nicher
Malgré les garnements de grande témérité,
Impatients de muscler leurs bras pour grimper.
En automne, le jardinier aimait à le tailler
Relevant un plus grand défi chaque année.

Désormais les choses ont changé en Kabylie
Et mon arbre souffre lui aussi de l'oubli.

Tarik le vieux jardinier repose dans son linceul.
Inquiets de leur avenir, les garnements d'aujourd'hui
Zèbrent les murs de slogans vindicatifs.
Aux plaisirs de la nature, ils préfèrent la télé,
Grivoise réalité, et l'imitation de leurs stars.
Habitués à la vie rude, les garnements d'hier
Affrontent les tracas de la vie en société.
Rien n'est insurmontable à ces travailleurs
Infatigables, sauf, peut-être, la zizanie.
Nul ne saurait expliquer ton acclimatation
Et pour toi, comme pour chacun, ayons de la considération.

GéLamBre 2002

PERSONNES :

	Page :
Naceur, le solitaire.	95
Samir, un pur zéphyr.	96
SAINT-AUGUSTIN	97
Yacine KATEB	98
Mohamed BOUDIAF	99
Tahar DJAOUT	100 et 101

NACEUR, LE SOLITAIRE.

Naceur a vue sur mer,
A Tigzirt face aux " Trois Frères "
C'est le benjamin de la famille
Et il joue toujours aux quilles.*
Un appel le ramène illico
Réparer climatisation ou frigo.

Le citoyen bavarde sans manière
Et pourtant, il se dit solitaire.

Son plaisir est dans les expressions :
" On vit maintenant à Tigzirt-sur-murs. "
" Le village était arriéré ; il est barriéré ! "
" Il faut transférer la Gendarmeraie … "
" Tout au fond du puits, creusons ! "
" Allô ; passez-moi le service à eau ! "
" Inégalable ! Cet âne-burger ! "
" Rien à cueillir dans l'abri côtier (en 2 mots) "
  En fait, Naceur est solidaire.

GéLamBre Décembre 2003

* Au sens figuré, expression qui signifie : faire tomber des individus.

SAMIR, UN PUR ZÉPHYR.

Se serait-il confié
Ainsi, à quiconque rencontré,
Mon compagnon de Tizi ?
Il aurait été pris à partie
Rien qu'en évoquant Jésus-Christ.

Une unique passion le dévore :
Notre Seigneur qu'il adore.

Protestant, il revendique
Une liberté de vivre sa foi,
Refusant, ici, la Communauté Unique.

Zaknoun est son village
Enroché face au Djurdjura…
Prolixe, mon ami est curieux ;
Habitude d'un enfant éveillé.
Y a-t-il eu souffle de l'Esprit ?
Rien ne peut l'infirmer ; alors Confiance !

GéLamBre Décembre 2003

LES SERMONS DE SAINT-AUGUSTIN.

SI Saint-Augustin vivait à notre époque,
LES sermons de l'Évêque feraient choc.
"CHRÉTIENS, *soyez fidèles ! Que vos femmes*
RESTENT *univoques, sans attitude infâme."* *
COIS seraient les téléspectateurs…
"ET, *pour les émigrés, soyez de généreux donateurs !*
TIMORÉS *vous êtes car vous avez peur…*
LE *désir ne doit pas s'éteindre…*
MONDE, *nous gagnerons à te comprendre ;*
NE *vous laissez pas troubler… Le pays*
CHANGERA *et aussi l'humanité que la Providence conduit.*
PAS *de soucis si vous vous reposez en Lui ! "* *

GéLamBre 2003

* *D'après citations rapportées par Claude LORIN*
dans " POUR SAINT-AUGUSTIN." (Éditions Grasset - 1988)

PROPOS DE KATEB YACINE :

Keblout est mon vrai nom de famille, celui de ma tribu.

Avant l'Indépendance, c'était une menace de non-existence, de n'être rien.
Toute l'Algérie est un grand arbre déraciné qui se ré-enracine.

En faisant " *Mohammed, prends ta valise.* " j'ai vu effectivement que je pouvais toucher les Algériens par le théâtre.
Bien évidemment, un écrivain, un musicien, un artiste, c'est, avant-tout, une sensibilité.

Y a-t-il une liberté donnée une fois pour toutes ? Jamais !
La liberté, il faut à chaque fois l'arracher .
Amazigh, c'est la patrie, le pays et, tirer ce prénom de l'histoire ancienne, c'est engager mon fils dans son histoire.
C'est pour son drapeau, pour sa culture, pour sa langue, pour ce qu'il est, (et ce qu'il veut être) que le peuple algérien s'est levé.
Il me manque l'essentiel : Tamazight ; au fond, je suis encore analphabète.
Nous sommes des rebelles parce que la révolution n'est pas finie ; elle ne fait que commencer.
Et du fait que la Kahina ait mené son combat jusqu'au bout, sa langue (notre langue) demande à vivre.

GéLamBre 2004

* dans la cassette vidéo " RACINES." produite en 1985
par TF1, SSR et Télescope Audiovisuel
et réalisée par Dominique COLONNA.

HOMMAGE À MOHAMED BOUDIAF.

M'Sila est sa région d'origine ; son père y était tailleur.

Oppressé par la tuberculose, il suivit cependant des études à Bou-Saâda.

Hors les murs, il effectua son service militaire dans le Constantinois.

Avec les déçus de 1945, il devint nationaliste et créa l'Organisation Spéciale.

Mais il dut s'expatrier ; il approvisionna alors la Résistance en armes.

En 1956, il fut arrêté dans l'avion de la délégation extérieure du F.L.N.

De l'Indépendance, il ne tira aucun profit : il connut à nouveau la prison et l'exil !

Boudiaf s'était opposé à Ben Bella et avait créé le Parti de la Révolution Socialiste.

Outré de la mainmise des Islamistes sur l'Algérie, il revint à son secours en 1992.

Une fois à la tête du Haut Conseil d'État, il nomma Belkaïd, Ministre de la Culture.

De ce fait, il intégrait les trois composantes du Pays : berbère, arabe et française.

Il exigea la dissolution du F.I.S. et la répression s'abattit sur les Islamistes.

Alors leur réplique fut implacable : terrorisme, terrorisme, terrorisme…

Fauché par l'attentat du 29 juin 1992, Mohamed Boudiaf est un exemple de probité.

GéLamBre 2011

TAHAR DJAOUT.

Tout homme en général, tout artiste en particulier, possède
  en son enfance un trésor d'émotions et de souvenirs.

A l'âge de douze ans, " L'Appel de la forêt." de Jacques London
  m'a donné, l'envie de créer des êtres, des situations.

Hélas, On n'a pas encore chassé, de ce pays, la douce tristesse
  léguée par chaque jour qui nous abandonne.

A travers ses planètes, ses oiseaux, ses insectes, …
  la nature est omniprésente dans ce que j'écris,

Régler la parade des squelettes, _ Retoucher les biographies.
  Effacer le précédent. Le patriotisme est un métier.

De ma bouche, Grotte obscure, Depuis longtemps sans vie,
  Coulera la parole, Porteuse de l'espoir.

J'écartai lentement les branches de l'arbre et je vis l'oiseau.
  Ses yeux brillaient comme deux breloques dans le
  feuillage aux teintes de moire.

Alger-la-Verte, devrait-on dire. Ou plutôt Éternité-Verte,
  car Alger n'existe pas. Mais je ne regrette pas Alger, …
  si ce n'est cette TERREUR.

Où vous m'avez laissé seul, en face de tous ces spectres ? …
  Mais cette ligue arrivera bien à bout de ma vie, de la
  recherche, jamais ! …

Un jour enfin, Mouloud, la bonté triompha
  Et nous sûmes arborer le trident du soleil
  Et nous sûmes honorer la mémoire des morts.

Tu as su exhausser nos vérités Écrites en pans de soleil
  Sur toutes les poitrines qui s'insurgent.

*Citations tirées de " **L'Élu.**", nouvelle de Tahar DJAOUT. - GéLamBre - 2010*

TAHAR DJAOUT, VICTIME DE L'OISELEUR.

Toi, insatiable oiseleur, tu descends sur la ville avec tes sbires.

Après leur passage, les entrailles de quelque bergère dispersées entre les buissons du maquis…
Humilié dans sa souveraineté, Dieu se faufilait entre les jambes du clergé.
Aujourd'hui, calme tyrannique; temps versé goutte à goutte dans le creuset de la mort.
Réfutation de tout frémissement périssable. Monde coupé en deux …

Durant notre marche, j'étais oppressé par la beauté du guêpier.

Je ne suis qu'un barbare ; je ne suis qu'un berbère.

Assumerai-je la cruelle destinée de vivre dans ma peau provisoire
Ou ai-je un strapontin sur une branche d'étoile ?

Un besoin de me faire remarquer par la danseuse… et je bouscule les gens.
Tout à coup, la chaleur des pierres pénètre à profusion ma chair surexcitée.

Vingt jours durant, ils vivent ensemble le temps de voir une violence prendre corps.
Il a en mémoire le flot d'injures et de crudités de Houria.

Comme tes pairs, tu as peur de la lumière crue ;

-

Ta réjouissance est silencieuse comme un plaisir volé.

Il ne s'était jamais imaginé qu'il pourrait s'accommoder de la mort de sa mère.

Mais son village natal n'a pour lui qu'un seul visage : celui de cette petite femme.

Et il refuse d'admettre que les couleurs, le langage, les sentiments et les personnages aient changé.

Des paysans en hardes et des ânes chargés d'ustensiles fuyaient également.

Et tout à coup, une rafale vrilla le brouillard.

La mère de l'enfant, sa mère, ne serait-elle, elle aussi, qu'un être goulu et suppurant...?

Odeurs impudiques et envahissantes qui le faisaient penser aux chairs violentées.

Il serrait fortement les poings et les cuisses, à leur contact déstabilisant.

Seul. Il commençait à mesurer toute l'horreur contenue dans ce mot.

Et il eut l'impression que les ombres de la nuit allaient bientôt l'étouffer.

Le soleil (dont il ignorait maintenant la couleur...) était torride.

Et convaincu qu'il allait mourir, il se mit à pleurer à chaudes larmes.

Une soif horrible lui limait la gorge.

Restait - intacte - la rivière.

Patchwork de phrases de Tahar DJAOUT. - GéLamBre - 2011

EXPÉRIENCES :

	Page :
KABYLIE, ESPACE DE VIE.	104
AUX AÏT-MESBAH.	105
EN REVENANT À AÏN-SULTAN.	106

KABYLIE, ESPACE DE VIE.

Kabylie, pays aimé de mes vingt ans,

A tes enfants, j'ai appris les continents.

Belle et vaste contrée aux villages perchés,

Y a-t-il un sentier où je n'ai cheminé ?

Les découvertes étaient nombreuses, les rencontres

Inhabituelles : femme au fagot, garde champêtre…

Espace de vie à la mesure des gens,
                pourquoi avoir tenté tes enfants ?

GéLamBre. 2002

AUX AÏT-MESBAH.

Aux gens d'Aït-Mesbah, je présente des remerciements,
Unique loyer pour dormir chez l'habitant.
Xylophone, flûte et derbouka, sans supplément.

Aurore espérée sur les chemins du bonheur,
Il te faut guider l'intrépide marcheur
Tant et si bien que s'envolera sa peur !

Mémorial aux combattants de la libération,
Ecole décorée des symboles de la Nation,
Serviles ruelles cheminant entre les maisons,
Beaux jardins plantés de fèves et d'oignons,
Aire à battre nivelée par d'antiques moissons,
Habitez mon cœur et vivons à l'unisson.

GéLamBre 2002

* *Village de la commune de BENI-DOUALA (Kabylie)*

EN REVENANT À AÏN-SULTAN.

En 1974, d'un chantier de la Révolution Agraire
Naquirent quelques maisons plutôt austères,

Réunies par quatre sur le coteau d'Aïn-Sultan.
En ces années, les Jeunes Volontaires Algériens
Voulaient construire leur pays avec le soutien
Essentiel mais non capital de " Coopérants " …
Nul doute que beaucoup se souviennent de cet été :
Africains, Maghrébins, Européens dont moi le Français
Nouèrent des liens en coulant les fondations
Tant attendues d'une vingtaine d'habitations.

Après 30 ans, tout n'est-il que désolation ?

Aïn-Sultan a partout construit pavillons et cités.
Il faut se fier au panorama vers Khemis-Miliana.
Nouveaux toits, arbres, antennes et crépis colorés.

Sur mon carnet, l'adresse d'un " maçon ".
Une surprise totale puis l'évocation :
Lourdes pierres, chaleur harassante, ampoules…
Tomates nature, lait caillé, balade à Cherchell…
Aïn-Sultan, source depuis l'Antiquité,
N'es-tu pas la source de notre humanité ?

GéLamBre 23 novembre 2003

RÉFLEXIONS :

	Page :
HALTE AUX MASSACRES ! *"Décennie noire."*	108
HALTE À LA RÉPRESSION ! *"Printemps noir."*	109
FATALITÉ ou CUPIDITÉ ? *Séisme de 2003.*	110
UN DÉSAGRÉMENT PEUT ÊTRE BÉNÉFIQUE.	111
DES ILLUSIONS, ... DÉSILLUSION !	113
ÉTOILE OU LUEUR D'ESPOIR.	114
CONQUÉRIR LA DIGNITÉ.	115
FORGEONS DES VALEURS...	116
QUE DIEU VOUS DONNE LA CONFIANCE.	118

HALTE AUX MASSACRES !

Habibi, mon ami, je crains pour toi.
Au nom d'un Dieu à leur aloi,
Les terroristes ont tous les droits,
Tuer, mutiler, provoquer l'effroi,
Ecarteler sans le moindre émoi.

Arbitraires sont leurs jugements,
Usurpatoires, leurs fondements,
Xénophobes, leurs agissements.

Mais toi, qu'as-tu à te reprocher ?
Absolument rien : là est le danger.
Souviens-toi ; tout est péché :
S'instruire, se distraire, se raser,
Aller au marché, faire son armée,
Converser avec l'étranger,
Refuser la vie programmée,
Elire le "mauvais" député,
Survivre à leurs atrocités.

GéLamBre 2002

HALTE À LA RÉPRESSION !

Hammou, mon frère, je souffre pour toi.
Au mépris du peuple et des lois,
Les forces de l'ordre prennent tous les droits :
Traquer, suspecter, mettre les citoyens aux abois,
Enfumer, dégager farouchement les voies…

Au petit peuple, on reproche ses aspirations.

La liberté est devenue délit d'opinion.
A tout moment, tu risques l'incarcération.

Rien n'est facile dans ton pays en survie :
Ecouter chansons et airs favoris.
Participer aux débats des partis.
Remettre en cause d'injustes acquis.
Ecrire et faire connaître son avis.
Sortir au théâtre, au cinéma, à la bibli.
Séduire, de visu, son amour pour la vie.
Instruire ses enfants dans la langue choisie.
Ouvrir un atelier, une piscine, une librairie.
Nourrir sa compagne et ses petits…

GéLamBre 2003

FATALITÉ ou CUPIDITÉ ?

Funeste journée que ce 21 mai 2003 :
Au moins 2 000 morts et d'innombrables dégâts,
Tous les habitants d'Alger à Tizi traumatisés.
A quel triste sort le Pays est-il voué ?
La nature, elle-même, s'acharne à le détruire !
Il aurait fallu, des précédents séismes, se souvenir.
Tous ces immeubles qui ont enseveli leurs occupants
Étaient-ils construits sérieusement ?

On peut supposer que d'avides entrepreneurs
Usèrent à leur profit de procédés trompeurs.

Chaque homme est invité à devenir quelqu'un,
Usant de ses talents pour le bonheur des siens.
Pourtant, les gros profiteurs sont légion ;
Il en est même qui ont notre considération.
De leurs manigances, ne sommes-nous pas complices,
Impénitents petits profiteurs des contrôles factices ?
Tuons, dans l'œuf, l'appât du gain et la gloire :
Édifions, pour toute organisation, des contre-pouvoirs.

GéLamBre 2003

UN DÉSAGRÉMENT PEUT ÊTRE BÉNÉFIQUE.

Un jour, le roi eut un abcès à la main.
«Nulle guérison sans la couper ! » dit le chirurgien.

Du coup, le roi envisagea son triste sort,
Et auprès de son ami, il chercha du réconfort.
Sa déception fut grande de l'entendre dire,
A propos : « *Ton mal peut être un bien à l'avenir.* »
Grande colère du roi qui se sentait moins fort !
Révolté, il fit mettre son ami en prison,
Et celui-ci répéta : « *Tout mal peut être un bien.* »
Mon histoire est loin d'être finie :
En forêt, le roi partit.
N'allait-il pas se jeter dans la gueule du loup ?
Tant de païens faisaient de mauvais coups !

Pris dans ces pensées, le roi fut capturé
Et ses ravisseurs allumèrent un bûcher.
Une fois par an, en sacrifice, ils offraient
Tel ou telle, homme ou femme, un être parfait.

En dévêtant le roi, ils furent terriblement surpris :
Tel être parfait en apparence avait une main en moins.
Restait à le laisser reprendre le chemin.
Et c'est ainsi que sa main coupée lui sauva la vie !

Bien évidemment, le roi, de retour au château,
Entreprit de faire sortir son ami du cachot.
Nul doute, expliqua celui-ci, que sa captivité
Etait la cause de sa vivacité.
Fort heureusement il n'avait pu accompagner le roi :
Il aurait été sacrifié à sa place, là-bas.
Que de fois cette histoire pourrait nous réconforter :
Une chose que l'on subit avec contrariété
Est susceptible, à l'avenir, de nous être bénéfique.

GéLamBre Novembre 2003

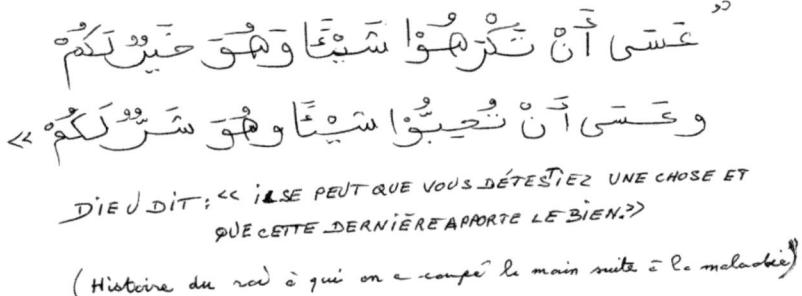

Transcription en arabe par Mohamed H.

DES ILLUSIONS, ... , DÉSILLUSION.

Depuis la nuit des temps, les tribus berbères
Etaient affrontées dans de petites guerres.
Seul Massinissa fonda un vaste royaume.

Iol devint la riche Césarée pour Juba II,
L'érudit, auteur de traités d'art et d'histoire.
La Kahina résista jusqu'à la mort aux troupes de Hassan.
Unis contre les Espagnols, les Kabyles combattirent
Sur leurs côtes, avec l'aide des frères Barberousse.
Illustre agitateur, Bou-Baghla déclara la guerre sainte,
Opposant la population aux armées de Napoléon.
Notoire indépendantiste, Abane Ramdane imposa
Ses principes : primauté du civil et du politique.

Du Congrès de la Soummam, les Algériens ont perdu l'essentiel
Et depuis, à chaque printemps, leurs aspirations sont réprimées.
Sceptiques, les Kabyles ont ressuscité d'archaïques assemblées.
Il en est même qui, aujourd'hui, réclament l'autonomie ! ...
L'idéal national-socialiste s'est envolé .
Le bien public vient après l'intérêt privé.
Ulach, l'dialog, ulach ! Aucun dialogue possible.
Serait-on opposé à l'affrontement des idées ?
Il semble qu'on veuille, des privilèges, garder.
On survit dans un monde sans compromis.
Nul espoir tant que régnera une telle zizanie !

GéLamBre janvier 2004

ÉTOILE OU LUEUR D'ESPOIR.

NUL n'est prophète en son pays *(La Bible ?)*

NE dis jamais : « À quoi ça sert d'apprendre ? » *(film)*

PEUT mieux faire ! *(Sentence des livrets scolaires)*

ÊTRE et penser sont pour nous la même chose.*(Buffon)*

UNE lune à la une : symbole religieux ?

ÉTOILE, Nedjma, la muse pour Kateb Yacine.

DANS les pages, les messages se gravent …

LE rêve de certains, c'est la gloire ;

CIEL ! À moi la vie de star !

MAIS le vedettariat est éphémère :

CHACUN, télécommande en main,

PEUT vous faire tomber des nues.

ÊTRE ou paraître, voilà le vrai dilemme …

UNE vie réussie a pour socle, l'humilité,

LUEUR d'une chétive chandelle, promesse

D'ESPOIR dans notre quête d'authenticité.

DANS les tourments et les peurs,

LA sérénité est en la demeure,

MAISON* où l'on cultive le bonheur.

* *Verticalement, citation rapportée de TIZI-OUZOU*

GéLamBre Avril 2004

CONQUÉRIR LA DIGNITÉ.

CHAQUE journal télévisé nous amène à nous interroger sur l'Homme :
MIETTE tombée lors du festin des Dieux ou Être capable de créer le meilleur (et le pire).
DE tous ces actes ignobles : insultes, abus, tortures, … , que reste-t-il de la Vie ?
VIE dont le prix n'a pas à être jugé par qui que ce soit !

DOIT-on accorder ses faveurs à la Charité ?
L'Autre a des besoins :
SERVIR, se sentir utile, "gagner sa vie", … , sans être servile.

À une époque révolue, la place de chacun était accordée par la naissance ;
CONQUÉRIR la sienne est, aujourd'hui, la clé de l'existence.

LA guerre bafoue l'essence-même de la personne : la dignité ;

DIGNITÉ* menacée par ceux qui prétendent l'imposer** !

GéLamBre juin 2004

---

* Verticalement : FATOU DIOMÉ dans *"Le Ventre de l'Atlantique."* (Anne Carrière 2003)

** D'après Mouloud FERAOUN en 1961 : «…la paix du monde est toujours troublée ou dangereusement menacée par ceux-là mêmes qui proclament chaque jour leur désir et leur intention de résoudre cet important problème de la liberté et de la dignité de l'homme.»

FORGEONS DES VALEURS...

FORGEONS notre maillon dans la longue chaîne

DES générations. En 1945, l'Armée d'Afrique défendait

VALEURS humanistes et territoire national.
　　　　　　　　Les tirailleurs rêvaient
D'ÉGALITÉ : devenir citoyens à part entière.
　　　　　　　　Et le 8 mai, à Sétif,
SUR de son bon droit, Bouzid Saal brandit
　　　　　　　　le drapeau vert et blanc.
LES policiers l'abattent et tout espoir de cohabitation
　　　　　　　　tombe en
RUINES. C'est l'appel à la révolte et le ralliement
　　　　　　　　au Manifeste*.
DU colon ; l'Algérien ne peut supporter, plus longtemps,

MÉPRIS et injustice. Les rebelles agressent des Européens

ET la répression est aveugle et massive** : des milliers

DE morts, des incarcérations expéditives, … . Malgré

LA grande amnistie de 46, un fossé s'est creusé.
　　　　　　　　Dorénavant la
HAINE*** va dicter sa loi :guerre d'indépendance et
　　　　　　　　luttes partisanes,
　　　　exode des rapatriés et massacre des harkis,
　　　　attentats islamistes et printemps noir.
　　　　　　　　…

GéLamBre Avril 2005

* Manifeste de 1943 qui réclame " *un État algérien doté d'une Constitution propre élaborée par une Assemblée algérienne constituante élue au suffrage universel par tous les habitants de l'Algérie.*".

** d'après le rapport du Général TUBERT.

*** Verticalement : Citation de Benjamin STORA, reprise par M. l'Ambassadeur de France à l'université de Sétif le 27 février 2005.

QUE DIEU VOUS DONNE LA CONFIANCE !

Que Dieu vous donne la Confiance :
Une formule inspirée d'un dicton arabe,
Et que je vous adresse par amitié.

Dans un monde pourri, chacun se ferme ;
Il a peur d'être contaminé.
Et c'est ce qui se passe en Algérie ;
Une seule vérité s'impose : la sienne.

Vous, Mesdames, osez faire évoluer l'Islam.
O vous, mes amis, qui êtes vraiment dégoûtés,
Usez de la critique mais n'en abusez point.
Surtout, restez à la hauteur de votre humanité.

De la vie des enfants, vous ne disposez pas !
On doit leur offrir un monde en devenir.
Ne baissez pas les bras ; exigez la transparence !
Nul doute alors que la démocratie s'imposera
Et que les Algériens deviendront citoyens.

La Confiance pourrait changer notre regard ;
Ainsi pourquoi accuser tel ou tel d'être bâtard ?

Chacun a des qualités et aussi quelques défauts.
On ne choisit ni son pays ni ses parents ;
Nul n'est responsable de leurs erreurs.
Faut aussi arrêter d'accuser la France !
Il importe de trouver des élus sachant présenter,
A l'Assemblée, votre attente d'être gouvernés.
Ne soyez jamais opposés au dialogue !
Cependant restez vigilants pour ne pas être manipulés
Evidemment par les puissants et même par vos enfants !

GéLamBre janvier 2004

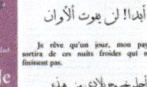
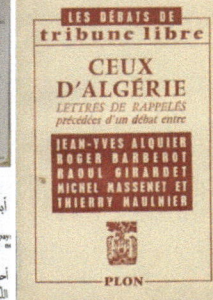
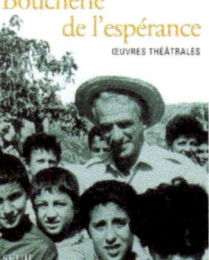
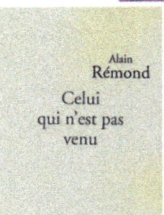
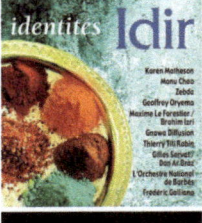

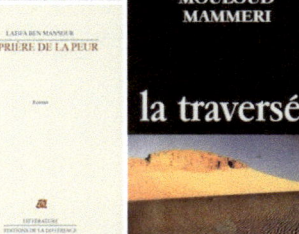

TEXTES D'AUTEUR(E)S.

L'Amour de l'Algérie se vit souvent de façon paradoxale : en prison, en exil, dans la mort.

" Ce sont des poèmes de Victor HUGO que déclamaient dans leur prison Bachir Boumaza et les détenus du FLN, pour dire leur amour de l'Algérie."

(Hervé Bourges – 2017)

" Mon père (en France depuis 1948) surjoue l'amour de l'Algérie jusqu'à nous la faire aimer de force. « Dans les années 70, l'Algérie était une grande puissance ; le monde entier nous regardait avec admiration.» *Il y croit à sa chanson de geste. Il fabule."*

(Nadia Henri-Moulaï – 2021)

*" L'amour de l'Algérie est un devoir pour moi.
Ma vie et mon bien [je les donne] au nationalisme.
Mère ! Pourquoi pleures-tu à mon sujet ?
Ton fils s'est sacrifié pour la cause de la liberté."*

(Traduction d'un chant scout)

Dans les pages suivantes, vous trouverez 16 expressions de cet Amour de l'Algérie publiées de 1887 à 2018.

		Page
	Michel BOGROS (1818-1896?)	126
	Jean el Mouhoub AMROUCHE (1906-1962)	128
	Pierre RIGOLOT (1931-)	129
	Mohammed DIB (1920-2003)	130

		Page
	Assia DJEBAR (1936-2015)	131
	Alain RÉMOND (1946-)	132
	Nabile FARÈS (1940-2016)	133
	Jean GALLAND (1928-2009)	135

		Page
	Latifa BEN MANSOUR (1950-)	138
	Mouloud MAMMERI (1917-1989)	141
	Lounès MATOUB (1956-1998)	144
	Jean-Paul GRANGAUD (1938-2020) Marie-France GRANGAUD (1943-)	145

		Page
	Alham MOSTAGHENI (1953-)	149
	IDIR (Hamid CHERIET) (1945-2020)	151
	Abdenour BOUHIREB (1976-)	153
	Amin ZAOUI (1956-)	156

Le Bois Sacré.
(Michel BOGROS)

Dans un vallon de Kabylie,
Entre deux grands murs de gazon,
J'ai déniché, cette saison,
Une retraite bien jolie.

C'est un Bois Sacré très épais.
Sous la voûte sombre des chênes,
Clapote un petit ruisseau frais
Qui murmure des cantilènes.

Parfois, au pied d'un tronc massif,
L'œil trouve un renflement de terre
Qu'abritent les branches d'un if
Et qu'enlacent les bras du lierre.

C'est un tombeau. - Pour le savoir,
Il faut d'avance le connaître,
Car on ne dirait pas, à voir
Cet endroit charmant qu'il peut être

L'asile des morts. - Et pourtant,
C'est dans ce bois aux dômes sombres,
Que des vieux batailleurs d'antan
Se promènent les grandes ombres.

C'est là que le vieil indompté,
Fils du Numide ou du Berbère,
Nous a, pied à pied, disputé
Son chaume et son lopin de terre.

Maintenant tout bruit a cessé.
On ne se bat plus; on travaille.
Et grâce au temps, s'est effacé
Le souvenir de la bataille.

Et les vieux morts qui dorment là
Doivent, à coup sûr, j'imagine,

Faire une singulière mine
En voyant ce roumi qui va

S'asseoir prés de leurs tombes vertes,
A l'ombre de leur Bois Sacré,
Et sans peur d'être massacré,
Évoquer leurs restes inertes.

Moi, cependant, en vérité,
Auprès d'eux, je ne songe guère
Aux exploits accomplis naguère
En l'honneur de la liberté.

Je songe combien peu de chose
Pèse l'héroïsme ici-bas,
Et combien, après les combats,
Tient de place une apothéose !

Car ils eurent, ces preux aussi,
Ces vaillants, une heure de gloire ;
Ils eurent leur jour de victoire.
Or, que leur reste-t-il ? Ceci :

Un petit coin, dans un bois sombre.
Et leurs enfants sont là, soumis,
Qui des aïeux oubliant l'ombre,
S'inclinent devant les Roumis*.

Et dans quelques siècles, peut-être,
Les Roumis, vaincus à leur tour,
Sentiront de quelqu'autre maître
Peser sur eux le sceptre lourd.

Ainsi toujours roule le Monde.
Aussi, sous ces arbres sacrés,
Je n'aime que la paix profonde
De ceux que j'y trouve enterrés.

Azazga (Kabylie), 3 Septembre 1882.
Les Algériennes. - 1887

* *Roumis : nom donné aux Français.*

Debout palmiers !
(Jean el Mouhoub AMROUCHE)

Debout palmiers !
Dans le vent d'ouest qui vous jette vers l'orient,
Nous avons faim dans la tête
Et nous lançons nos mains et nos regards
Par-dessus la mer étale
Aux millions d'écailles d'or
Vers un rivage futur,
Une ligne indécise,
Un contre-jour du soleil levant.

Nous avons faim.
Pas de blé, pas de chair, pas de fruits.
L'eau qui gonfle vos barrages
Et vos fleuves artificiels,
Tous vos canaux dans les cotonniers,
Nous n'en voulons plus.

Nous avons faim et soif
D'un amour humain.
Ne nous parlez pas de Dieu,
C'est inutile.
Vous mentez.
Pour parler de lui sans mensonges,
Il faut d'abord être un homme.
Et vous n'êtes plus des hommes,
Mais des machines effroyables d'intelligence
Au service du meurtre.

Ce poème d'une violence inouïe, a été composé par Jean El Mouhoub AMROUCHE, au lendemain des massacres de Mai 1945 à Sétif, Guelma et Kherrata. (Ali MAMMERI)

Saïd, petit garçon de Kabylie.
(Pierre RIGOLOT)

Si, un jour, parcourant l'Algérie,
Il t'arrive de croiser, accroupie,
Une chéchia rouge gardant des brebis,
Et si son sourire, d'un seul coup, t'éblouit,
Tu auras eu de la chance, mon ami :
Ce sera peut-être lui...

Saïd, c'est le nom d'un garçon,
Petit prince d'un lointain pays.
Les pieds nus et sautant comme un cabri.
Sais-tu bien qu'il est riche
Sans un sous dans sa poche
Et sans poche à son habit ?
Car, Là-Haut déjà,
Il a sa place au paradis...

Mais, chut, plus de bruit ;
Le petit garçon s'est endormi.
C'est le soir, bientôt la nuit.

- *Saïd, bonsoir, demain, je serai parti,*
Sur la mer, vers mon pays.
S'il t'arrive de rêver à ton copain,
Ce grand type trop grand que je suis,
S'il t'arrive de rêver à ton ami,
Tu sauras que lui aussi, là-bas, rêve de ton pays,
Saïd, petit garçon de Kabylie.

(Texte écrit chez les Ouled Rached en 1956)

Extrait de
Ceux d'Algérie. : Lettres de Rappelés.
par Jean-Yves ALQUIER
Plon – 1957

Sur la terre, errante.
(Mohammed DIB)

Sur la terre, errante
Quand la nuit se brise,
Je porte ma tiédeur
Sur les monts acérés
Et me dévêts à la vue du matin
Comme celle qui s'est levée
Pour honorer la première eau ;

Étrange est mon pays où tant
De souffles se libèrent,
Les oliviers s'agitent
Alentour et moi je chante :

Terre brûlée et noire,
Mère fraternelle,
Ton enfant ne restera pas seule
Avec le temps qui griffe le cœur ;
Entends ma voix
Qui file dans les arbres
Et fait mugir les bœufs.

Ce matin d'été est arrivé
Plus bas que le silence,
Je me sens comme enceinte,
Mère fraternelle,
Les femmes dans leurs huttes
Attendent mon cri.

Pourquoi, me dit-on, pourquoi
Vas-tu visiter d'autres seuils
Comme une épouse répudiée ?
Pourquoi erres-tu avec ton cri,
Femme, quand les souffles
De l'aube commencent
À circuler sur les collines ?

Moi qui parle, Algérie,
Peut-être ne suis-je
Que la plus banale de tes femmes
Mais ma voix ne s'arrêtera pas
De héler plaines et montagnes ;

Je descends de l'Aurès ;
Ouvrez vos portes,
Épouses fraternelles,
Donnez-moi de l'eau fraîche,
Du miel et du pain d'orge ;

Je suis venue vous voir,
Vous apporter le bonheur,
À vous et vos enfants ;
Que vos petits nouveaux-nés
Grandissent,
Que votre blé pousse,
Que votre pain lève aussi
Et que rien ne vous fasse défaut.
Le bonheur soit avec vous.

Révolution africaine
8 juillet 1968

Poème pour l'Algérie heureuse.
(Assia DJEBAR)

Neiges dans le Djurdjura
Pièges d'alouette à Tikjda
Des olivettes aux Ouadhias
On me fouette à Azazga
Un chevreau court sur la Hodna
Des chevaux fuient de Mechria
Un chameau rêve à Ghardaïa
Et mes sanglots à Djemila
Le grillon chante à Mansourah
Un faucon vole sur Mascara
Tisons ardents à Bou-Hanifia
Pas de pardon aux Kelaâ
Des sycomores à Tipaza
Une hyène sort à Mazouna
Le bourreau dort à Miliana
Bientôt ma mort à Zémoura
Une brebis à Nédroma
Et un ami tout près d'Oudja
Des cris de nuit à Maghnia
Mon agonie à Saïda
La corde au cou à Frenda
Sur les genoux à Oued-Fodda

Dans les cailloux de Djelfa
La proie des loups à M'sila
Beauté des jasmins à Koléa
Roses de jardins de Blida
Sur le chemin de Mouzaïa
Je meurs de faim à Médéa
Un ruisseau sec à Chellala
Sombre fléau à Medjana
Une gorgée d'eau à Bou-Saâda
Et mon tombeau au Sahara
Puis c'est l'alarme à Tébessa
Les yeux sans larmes à Mila
Quel vacarme à Aïn-Sefra
On prend les armes à Guelma
L'éclat du jour à Khenchla
Un attentat à Biskra
Des soldats aux Nementchas
Dernier combat à Batna
Neiges dans le Djurdjura
Pièges d'alouette à Tikjda
Des olivettes aux Ouadhias
Un air de fête au cœur d'El Djazira.

S.N.E.D. Alger - 1969

L'Algérie de mes 20 ans.
(Alain RÉMOND)

« Et puis, voilà quelques jours, hanté par ce retour soudain de mes vingt ans, ces quelques années autour de mes vingt ans, j'ai pris le risque. J'ai sorti le gros classeur du tiroir. Je l'ai ouvert. Toutes les lettres se sont échappées.

Voici que me reviennent soudain, violemment, intensément, les deux ou trois années autour de mes vingt ans. C'est tellement loin, c'est tellement vieux ! Mes vingt ans, c'était en 1967. J'étais Coopérant en Algérie, à Djemâa-Saharidj, un petit village de Kabylie. J'avais vingt ans et le sentiment d'avoir déjà trop de souvenirs. J'essayais de comprendre qui j'étais, ce qui était en train de se jouer dans ma vie.»

Celui qui n'est pas venu.
Stock - 2009

« La poésie, c'est une porte qui s'ouvre, pour eux (mes élèves d'Algérie) comme pour moi. Parce que la poésie, c'est leur univers, leur langue natale, leur rapport au monde. Très vite, je les invite à écrire eux-mêmes des poèmes. Et ils écrivent, lentement, silencieusement, chacun dans le secret de son cœur, les poèmes de la nostalgie et de la mélancolie kabyles, le temps qui passe, le temps perdu, l'envie confuse d'autre chose, d'un autre monde, ce balancement entre les racines et l'exil, eux qui ont vu partir leurs pères, leurs oncles ou leurs grands frères... Ces poèmes, je les ai conservés, je les relis parfois, avec le nom de chaque élève soigneusement écrit dans la marge et ces mots si simples, si pudiques, pour dire le malheur et l'espoir, la solitude et l'amitié.»

Un jeune homme est passé.
Éditions du Seuil - 2002

Paris-Akbou.
(Nabile FARÈS)

Oncle Saddek...

La veille, à proximité de la gare de Tizi-Ouzou, gare qui marquait en ce temps-là une limite de sécurité pour les gens de la ville et de malheur pour ceux qui vivaient continuellement de l'autre côté, entre les feuilles épineuses des figuiers de barbarie, l'ingratitude des labours et la couleur bleu-gris des champs d'oliviers, les deux wagons de queue d'un train de marchandises convoyés par des militaires, avaient explosé.

Dans le train, la peur était commune à tous les voyageurs. Yahia la connaissait, mais pas suffisamment encore, pour ne pas suivre des yeux, dans l'affolement du vent contre la vitre du compartiment et le battement de la portière du wagon, les lignes de crête des montagnes qui se bombaient dans la coupole du ciel et déroulaient, lorsqu'elles offraient leur flanc comme une falaise, l'ombre d'une chenille partout courant et sautant sur les pierres, presque affolée par sa vitesse, semblant même, parfois, après le trou d'un tunnel, assez heureuse de trouver Yahia assis sur son dos, puis, après le Djurdjura, dans le côtoiement des oliveraies, la vallée de la Soummam traversée, légèrement inquiète d'entendre, par-delà les plaines, le bruit sourd ou précis des coups de fusil et de mitraillette, alors que, dans le tremblement des arbres, le coucher roux du soleil préparait à la terre dont la chaleur fuyait à reculons, semblable en cela à l'ombre plus allongée du train sur le bas-côté de la voie, un grand lit de peur et de douceur. Toutes les journées d'été sont chaudes en Kabylie.

Yahia, dans ce train à l'allure ponctuée, à mesure qu'il pénétrait dans l'aridité des montagnes, des poteaux télégraphiques coupés et de cette peur enroulée dans les visages et les burnous des voyageurs que les roues, sur les rails, martelaient, s'était penché de l'autre côté de la vitre du compartiment, depuis le village de Tazmalt jusqu'à la gare d'Akbou, où il devait descendre. Il avait été heureux que son père l'accompagne à la gare, lui prenne son billet et lui choisisse une place d'où il pourrait voir, jusqu'à Tazmalt, tout le paysage et la lumière changer le long d'aiguillages qui lui ouvriraient l'espace d'une naissance rocailleuse et vitale, où le bariolage des vêtements rivalise de splendeur avec la terre et s'égrène, dans la musique écarlate de leurs couleurs, avec cette sorte de gaieté des coquelicots offrant leur folie de pétales rouges aux lourds épis d'un champ de blé.

À Akbou, il retrouverait, pendant ces quatre jours (ceux qu'il venait passer chez son oncle avant de retourner à Alger et de partir en France, à Paris, où, selon le désir de ses parents, il continuerait d'étudier) les quelques amis qu'il avait connus alors qu'il pouvait chasser les grives sous les oliviers sans que personne, après la fin du jour, ne soit inquiet de son retour. Et il y aurait encore, sur la place du marché, ce vieillard dont nul ne pouvait dire s'il était né un jour, et qui, depuis des années, assis sur un siège pliant, derrière un feu de braises et de charbons pétaradants, faisait griller, pour le goût et l'odorat de tous les passants, dès six heures, dans le coucher du soleil, des brochettes dont la succulence lui avait valu ce titre très honorifique et incontesté dans la région : *Ali Madouche, le Roi de la Brochette.* Yahia, dans l'obscurité qui naissait, n'avait reconnu aucun des six hommes qui fumaient, sous une ampoule à peine lumineuse qui tenait au mur de la station d'Akbou. Ce fut oncle Saddek qui reconnut Yahia et qui l'emmena dans le taxi du village, où trois hommes, qui étaient descendus en même temps que lui à la gare d'Akbou, s'étaient déjà installés et, après le démarrage du taxi (une vieille *Prairie-Renault*), regardaient à travers les vitres, rangés le long des deux kilomètres qui montaient au village, les réverbères que les militaires avaient posés et qui piquaient la nuit et leur campement comme les trous d'un tamis. La *Prairie-Renault* longea la place du marché et, dans la lumière des phares, Ali Madouche resta invisible ou trop bien caché derrière la bâche d'une tente dressée au milieu d'un cirque couleur kaki.

Yahia, pas de chance.
Le Seuil – 1970

Ce que je dois à l'Algérie.
(Jean GALLAND)

Les événements sont venus à moi, mieux et plus vite que je ne pouvais l'imaginer. Nous étions tout juste installés à Tizi-Rached qu'a éclaté le coup de tonnerre du premier novembre 1954.

Quelques mois plus tard, la loi sur l'État d'urgence annulait la légalité, déjà si peu républicaine. Tout juste une semaine après la parution du texte au Journal Officiel, j'étais interdit de séjour, d'abord dans le département d'Alger, puis, quelques jours plus tard, dans le département d'Oran où je m'étais replié. J'allais donc passer le temps de la guerre dans mon Berry retrouvé, *"La tête ici, le cœur là-bas."*.

Faut-il ajouter que je me sens, aujourd'hui aussi fortement qu'hier, redevable à l'Algérie, au peuple algérien, d'une dette que je n'arriverai jamais â éponger et de liens que je ne chercherai jamais à trancher.

C'est en Algérie que ma femme et moi-même avons commencé à être adultes.

C'est en Algérie que s'est alors engagée et construite notre vie commune, que nous avons fait l'apprentissage d'être mari et femme, et, pour chacun, de se réaliser soi-même non plus seul mais avec l'autre dont les aspirations, les goûts, les initiatives peuvent être contradictoires.

C'est en Algérie que sont nés trois de nos cinq enfants, les deux autres étant venues au monde en France *bessif* (par le sabre, par la force), la guerre nous ayant chassés de " là-bas ", provisoirement. Nous avons eu alors la révélation de ce qu'il y a de puissant, de définitif dans le sentiment qui attache au sol natal. Ainsi de notre fait et pour toujours, Danielle serait de Djelfa, Jean-François d'Azeffoun, et Alain de Tizi-Ouzou !

C'est en Algérie, qu'en l'exerçant, j'ai appris mon métier d'enseignant, de maître d'école d'abord, puis de formateur après l'indépendance, tandis que la langue française ayant changé de statut dans des conditions totalement nouvelles, imprévues, il était fait appel à l'initiative, à l'intelligence, au courage de tous, afin d'être dignes des attentes d'une jeunesse tellement brimée, meurtrie par la guerre et avide de pouvoir enfin s'instruire et s'épanouir. Alors de 1962 à 1974, j'ai travaillé dans l'enthousiasme à la formation d'enseignants, de jeunes filles et de jeunes hommes, beaucoup rentrant de France, et qui choisissaient avec ce métier une place dans la société dont ils n'auraient pas eu le droit de rêver à l'époque coloniale. C'était exaltant et valorisant par la réflexion, qu'à tout moment il fallait exercer afin de décider des contenus et des méthodes qu'exigeait une situation assez difficile à définir. J'ai connu alors des relations humaines d'une qualité exceptionnelle dont certaines se prolongent encore aujourd'hui, un demi-siècle plus tard parfois avec les enfants ou les petits-enfants de mes amis de l'époque.

On me dira que j'idéalise, que nos cheminements ne manquaient pas d'embûches, voire même de pièges, sinon de véritables guets-apens. Comment dirais-je le contraire, tellement je fus placé pour le savoir ! Il n'empêche que, pour cela comme pour bien d'autres choses de la vie, c'est au meilleur que l'on revient, le pire ayant glissé dans les oubliettes de la mémoire.

C'est à l'Algérie que je dois des souvenirs, des images, des parfums, des musiques, que je n'aurais connus nulle part ailleurs.

C'est en Algérie que j'ai éprouvé l'inestimable avantage et la fierté de fraterniser avec Bachir Hadj Ali, le chantre incomparable des luttes pour l'Indépendance.

C'est en Algérie que j'ai découvert l'immense richesse historique et culturelle de la communauté berbère, celle des Imazighen, les hommes libres, son organisation sociale sauvegardée malgré les siècles et les agressions, son orgueil légitime d'être ce qu'elle est grâce à ses racines et une identité incomparables, sa langue dont les bribes que je connais suffisent â me désoler de n'avoir pas su mieux l'apprendre lorsque je naviguais dans les "bains sonores" d'Akerrrou, Tizi-Rached, Azazga (ou toutefois, à ma défense, on avait toujours la courtoisie de parler français lorsque j'étais supposé prendre part à la conversation).

C'est en Algérie que nous avons rencontré une société féminine d'autant plus intéressante et attachante qu'elle différait, à tous égards, de la société de nos mères et de nos grands-mères.

Comment ne pas être humblement et amèrement admiratif devant ce qu'ont subi les femmes d'Algérie sous le régime colonial et peut-être surtout depuis un demi-siècle ?

Ces souvenirs, ces sentiments-là, font partie de notre vie pour toujours.

Nous avons compris en quittant l'Algérie en 1974 que nous serions désormais attachés à tout cela quoi qu'il arrive.

Michel REYNAUD
Le cœur là-bas
Elles et Eux et l'Algérie
Éditions Tirésias, Paris, 2004
Pages 281 à 286

Retour à Aïn el Hout.
(Latifa BEN MANSOUR)

<u>Chapitre 8</u>

Moulay les attendait à l'aéroport de Zénata. Ce fut un choc pour Hanan de le revoir. Seigneur, comme il avait changé ! Il avait tellement maigri ! Ses cheveux jadis d'un noir de jais étaient devenus cendre et son visage était si creusé que l'on voyait saillir l'os des maxillaires. Elle lui jeta les bras autour du cou puis le présenta à son époux et ses enfants. Elle pria Moulay de les conduire directement à Aïn el Hout sans passer par Tlemcen, comme elle avait l'habitude de le faire.

— Tu ne veux pas te recueillir sur la tombe du "Secourable", Sidi Abou Madyane ? demanda Moulay en la fixant longuement dans le rétroviseur. Tu dois montrer à ton mari et à tes enfants les lieux où sont enterrés les hommes et les femmes qui t'ont façonnée, continua Moulay en souriant à l'époux de Hanan qui restait silencieux. Idris venait pour la première fois dans la Cité des Sources.

— Nous irons un autre jour visiter le Saint, répondit-elle.

Pendant que la voiture avalait les kilomètres et la rapprochait de la terre de ses ancêtres, Hanan savourait le calme de la campagne. Les champs de blé étaient blonds et un soleil éclatant brûlait la peau des cultivateurs qui moissonnaient par une chaleur accablante.

— La saison a été clémente, dit Moulay. Il y aura tant de blé que nous pourrons en exporter.

Hanan ne put s'empêcher de lui demander :

— Tu ne regrettes pas tes années d'étude de chirurgie, Moulay ?

— Non, non, crois-moi, je n'ai aucun regret, répondit-il.

Un jour, Moulay avait décidé que la ferme familiale avait autant besoin de ses compétences que le moindre hôpital où il serait obligé de se soumettre aux ordres d'un bureaucrate nommé par le parti et le piston. Il s'était reconverti en fellah et avait fait de la modeste propriété de ses parents un modèle d'entreprise et d'intelligence humaine. Les cerisiers s'étaient remis à fleurir, les mandariniers, les figuiers et les néfliers donnaient les plus beaux fruits de la région. Il avait même réussi à faire pousser des bananiers et fournissait la ville de ce fruit tant aimé par les Algériens. Ses mains, jadis délicates et fines, étaient crevassées et brunes, et de ses études de chirurgie, il n'avait gardé que la patience et l'abnégation.

« *Aimer son travail,* ne cessait de répéter Moulay à ceux qui s'étonnaient d'une telle réussite, *aimer jusqu'à la folie la terre qui vous a porté. La terre d'Algérie,* déclarait-il avec passion, *est comme ses femmes. Aimez-les, elles vous le rendront au centuple, méprisez-les ou tentez de les opprimer, elles sauront se venger en commençant par devenir stériles.* »

Moulay pouvait rester des heures à les entretenir de ses expériences agricoles, de ses tentatives de semis, des greffes réussies ou rejetées. Parfois, on ne savait plus si c'était le cultivateur, le poète ou le chirurgien qui parlait.

— Bienvenue, dit Moulay en désignant un tas de rochers, vous êtes sur le territoire sacré de Aïn el Hout. Descendez, dit-il plein d'enthousiasme avec dans le regard une douleur immense. Remplissez vos poumons de l'air limpide de cette terre.

Idris regarda longuement Hanan et lui fit un sourire complice. Ses yeux noirs comme un battement d'hirondelles lui exprimèrent sa reconnaissance. Elle lui souriait sans rien dire pendant ce temps. Moulay expliquait aux enfants pourquoi des rochers barraient l'entrée de Aïn el Hout. Ils l'écoutèrent religieusement puis le suivirent dans les champs pour y cueillir quelque plante ou fleur sauvage. Elle devina qu'ils allaient revenir avec une brassée de lavande et de mimosa. La lavande poussait sur des kilomètres. Les femmes la ramassaient pour fabriquer du parfum. Elles le mélangeaient au **ghasoul**, ce shampooing algérien composé d'argile qui laverait leur chevelure. Elles en faisaient aussi des bouquets qu'elles plaçaient au fond des armoires sous les piles de draps et de serviettes impeccablement pliés.

Idris s'approcha de Hanan et l'embrassa sur le front en murmurant :

— Elle est si belle, la terre de tes ancêtres ! je comprends maintenant l'attachement que tu lui portes et qui me rendait si jaloux.

Elle le regarda tendrement :

— Tu n'as pas encore vu les mausolées, ni le lac, ni les bois, ni les bosquets, ni les vergers ! Tu n'as pas assisté aux processions des visiteurs et aux danses des soufis. J'aurais tant voulu que tu connaisses la terre de mes racines en d'autres circonstances. Mais je ne pouvais pas laisser enterrer Hanan (*ma cousine*) sans la voir une dernière fois.

— Quand donc cesseras-tu de t'excuser ? dit Idris. J'ai hâte de voir ta mère et tes grand-tantes et tes proches. Leur as-tu expliqué que je ne parle pas la langue arabe, même si je suis Algérien ?

— Ils savent que tu ne parles pas l'arabe et leur seule remarque a été la suivante : « *Et alors ? Si c'est un véritable enfant de notre terre et de nos racines ? Sa mère est Algérienne et son père l'est aussi ? Alors, vous parlez la même langue, surtout là-bas dans le pays de l'exil.*»

Idris murmura pour lui-même la dernière partie de la phrase : « *Ils parlent le même langage surtout là-bas dans le pays de l'exil.*»

— Voilà des paroles très profondes, dit-il, et seules nos femmes savent les formuler et les dire.

— Ne t'en fais pas, continua-t-elle en arrangeant son nœud de cravate, si l'aïeule Kenza se charge de toi, tu te mettras à parler l'arabe comme un rossignol...

La prière de la peur
Éditions de la différence – 1997

La Traversée de Boualem.
(Mouloud MAMMERI)

<u>Pages 8 à 10</u>
Dans le jargon du journal, Djamel Stambouli était le GO (Grand Obscur).
Le GO était le maître à penser d'un groupe d'intégristes.
Boualem faisait partie du groupe des adeptes qui, deux fois par semaine, se rendaient dans l'appartement du GO pour suivre ses leçons sur la pensée islamique.
La parole du GO le prenait comme une vague de la mer ; elle le roulait, le berçait, le rinçait du doute et de l'angoisse.

<u>Page 54</u>
On laissa à Boualem le soin de fixer lui-même quelle forme il voulait donner au long papier qu'il comptait rapporter sur le "désert des prophètes".

<u>Page 58</u>
Air conditionné, goudron, béton, fleurs poussées sur de la terre rapportée, Hassi-Messaoud était pour Boualem une insulte au désert prophétique. Pendant que les autres couraient à travers la base, lui se mêlait aux manœuvres des chantiers dans l'espoir que, derrière le déguisement ridicule de leur travail, il allait rencontrer, étouffée mais brûlante encore, l'étincelle de la Vérité. Il ne tarda pas à déchanter. Les plus croyants des ouvriers, un petit nombre, pendaient à leur cou des chapelets d'amulettes, les autres calculaient les primes, les congés, ou bien jouaient aux dominos. Pour le reste rien : chez ces descendants pervertis des compagnons de la guerre sainte le pétrole avait tué Dieu !

<u>Pages 86-88</u>
En entrant dans sa tente Boualem trouva une enveloppe jaune, apportée pendant son absence.
C'était l'écriture du maître...
Il resta longtemps à la regarder.

…
L'obscurité était relative : dehors la lune était à son plein et on y voyait presque comme à son plein jour. Couché sur le dos, les yeux grands ouverts dans la pénombre, Boualem essayait de calmer les battements de son cœur.
…
Soudain, dans l'esprit de Boualem, la lumière se fit : Souillé. Il était souillé ! Satan l'avait pris dans ses pièges et c'est en vain qu'il se débattait.
…
Pour se laver de la souillure, il avait besoin d'un grand bain purificateur. Il n'avait lui-même jamais été sur une plage, le maître l'ayant interdit aux disciples, mais il lui était arrivé de voir les autres jouer avec la mer. C'était cela qu'il lui fallait. Ardemment il désirait la vague qui, en le roulant, le lessiverait des miasmes, du plaisir, de la corruption. Mais où trouver l'eau dans ce pays voué dès ce monde au feu de l'enfer ?

Boualem se ressouvint de la lettre jaune. À tâtons dans l'obscurité, il chercha sa vareuse, en tira le papier déjà froissé. Il alluma sa lampe-torche. Ses doigts tremblaient. D'abord les caractères se mirent à danser devant ses yeux ; il devait relire plusieurs fois la même phrase avant d'en saisir le sens. Il se calma peu à peu. Finalement la prose du maître, par son rythme, ses images, par la ferveur interne que Boualem sentait sourdre à travers les lignes, s'empara de son esprit une fois de plus ; une fois de plus il s'y abandonna, il en devint la proie ravie, extasiée.

La lettre était longue. Après les salutations « *Et puis après,* disait le maître, *te rappelles-tu, notre disciple aimé, le but véritable de ta mission ?* »
…
« *Souviens-toi que l'unique chose qui mérite d'exister, en ce monde et dans l'autre, est, tu le sais, mon frère, la parole de Dieu.* »
…

« *La graine, que tu sèmeras aujourd'hui, demain poussera pour la plus grande gloire de Celui par qui les graines poussent...* »

« *Quant à toi,* concluait le maître, *je n'ai pas besoin de te rappeler que toutes les femmes, mais singulièrement les infidèles, ont été placées sur les chemins des croyants pour qu'ils glissent. De tous les instruments de perdition, elles sont certainement le plus efficace. Aussi surveille celle qui est avec toi, mais fuis-la, fuis-la comme tu fuirais la vipère et le feu. Adieu !* »

Boualem relut la lettre plusieurs fois. À mesure que les phrases se déroulaient, il finit par entendre la voix même du maître et les obstacles, l'un après l'autre, se mirent à s'effriter, comme sur la dune des grains de sable sur quoi le vent souffle. À la fin il sentit monter en lui la même exaltation qui gonflait sa poitrine, quand le maître évoquait la geste des compagnons du Prophète, le même désir passionné de répondre à l'appel de Dieu, de combattre et au besoin de mourir dans sa voie.

La lame... Prendre la peau lisse d'Amalia et, avec le tranchant, tailler des lambeaux minces, lentement, dépecer, lacérer, couper. Satan... Satan lui-même saignerait avec les veines bleues d'Amalia. Il cesserait enfin de jeter aux regards des croyants l'argument triomphant des seins dressés d'Amalia.

La Traversée
Mouloud MAMMERI
Éditions PLON – 1982
Éditions OTHMANIA - 2005

Ni les droits de l'homme...
(Lounès MATOUB)

Ni les droits de l'homme sous toutes les formes,
ni aucune opposition n'ont pris part à mon malheur,
Seul le peuple, comme un seul homme, a défié la peur.
Ce parti-ci et celui-là,
je ne me gênerai pas
à les torpiller haut et bas,
sans relâche, mais sans mépris,
pour que les geôles s'effondrent
pour que les bourreaux sombrent
dans la triste nuit des ombres.
Retirons nos baillons ;
redorons nos blasons ;
accueillons cette lueur,
présage de bonheur,
toutes et tous pour une Algérie meilleure
et pour une démocratie majeure.

Paroles de Lounès MATOUB (1991)
Album Regard sur l'histoire d'un pays damné.

Ce sont les mots qu'a prononcés Matoub Lounès, chanteur et poète, en plein cœur de la Décennie noire, bravant la terreur et la peur. **(Libération du 22 mars 2019)**

Voir :
https://www.youtube.com/watch?v=0BmROusu8LI

Toujours à Alger.
(Marie-France et Jean-Paul GRANGAUD)

Au moment des accords d'Évian, est-ce que vous avez eu connaissance de ce qui était proposé aux Européens ?

Moi ce qui m'a fait très plaisir dans les accords d'Évian, c'était la liberté de circulation des personnes et des biens (grands rires). Quand j'y repense ça me fait toujours marrer.

Vos parents sont partis.

Oui, mais pour eux c'était clair, de toutes façons.

Vous êtes restés, et vous avez pris la nationalité algérienne.

Moi, je ne l'ai pas prise au titre des accords d'Évian. Je l'ai prise après. Ce qui était clair pour moi à cette époque, c'est que je voulais vivre en Algérie, que l'Algérie c'était mon pays, mais je n'avais pas encore beaucoup conscience de ce que ça voulait dire **"*Je suis Algérien.*"**. Et puis petit à petit... Assez vite j'ai eu l'impression de participer à la construction d'un pays, ça a été une chose très importante. On était embarqués dans une aventure fantastique. Et dans les années 1966-67, j'ai eu des copains qui m'ont dit: « Tu sais, si vraiment tu veux rester, il faut que tu prennes la nationalité, tu ne peux pas rester comme ça en restant Français en Algérie.» Ça a commencé à me travailler, et c'est en 1969 que j'ai fait ma demande au ministère de la Justice.

Quelles étaient les conditions?

Ce n'était pas facile. C'était discrétionnaire. Il y avait des enquêtes de police, et puis l'avis des responsables à différents niveaux.

Vous aussi madame vous avez pris la nationalité algérienne ?

Oui, de la même manière.

Est-ce que vous souhaitez me dire comment vous l'avez vécue depuis ? Est-ce que ça a changé quelque chose pour vous ?

M. : La première chose qui est certaine, c'est que moi je pensais que ça ne changerait rien du tout pour moi, et puis je me suis aperçu que ça changeait énormément de choses. La chose la plus étonnante, ça a été de voir la façon de réagir de gens qui étaient des amis, et dont on pensait qu'ils n'allaient pas changer de comportement par rapport à nous, et en fait on s'est aperçu qu'il y avait une espèce de solidarité beaucoup plus grande.

Les amis algériens ?

Mme : Oui. Il y avait des choses qu'on n'abordait pas quand on était Français : la guerre quoi, la guerre. Jamais ! Par pudeur, pour ne pas gêner. Après, on a entendu des récits comme on n'en avait jamais entendus... des récits de ce qu'ils avaient vécu et qu'ils nous ont racontés. Quelque chose s'était passé. On avait changé de statut du point de vue du contact humain.

Et les Européens qui n'avaient pas pris la nationalité algérienne, est-ce qu'ils ont changé par rapport à vous ?

Non... Mais ils se sentaient un peu... un peu coupables, ça m'a paru un peu absurde.

Ceux qui n'avaient pas pris la nationalité algérienne, et qui ne l'ont pas prise encore maintenant, il n'y a pas eu de problèmes pour eux ?

Des problèmes, non. Mais par exemple, dans les administrations, au bout d'un certain temps, on n'a plus admis les étrangers, des choses comme ça.

Les gens ont dû partir ?

M. : Certains sont partis effectivement au bout d'un moment, petit à petit. C'est devenu de plus en plus strict, parce que forcément, quelqu'un qui est étranger et qui occupe une place que pourrait occuper un Algérien, au bout d'un moment ça pose problème.

Même des gens qui sont nés ici, qui ont fait le choix de rester, au bout de tant d'années, ils sont considérés comme prenant la place d'un Algérien ?

C'est difficile à dire. Trouver des gens qui sont dans ce cas de figure, maintenant il n'y en a plus beaucoup ; ça dépend des branches d'activité peut-être.

Pour vos enfants, il n'y a pas de problèmes avec l'arabisation ? Il nous semblait que, vue l'importance du français encore en Algérie, il était important que des élèves puissent continuer à entretenir une relation avec deux langues ; ça paraît un peu arbitraire de couper complètement l'enseignement du français.

M. : C'est tout un débat qui est largement posé par les arabisants. Dans l'idée de proposer de faire de l'anglais plutôt que du français, il y a des arrière-plans idéologiques.

Mme : On n'a pas de chance, parce qu'il y a eu un clivage politique qui a été doublé par un clivage linguistique. Autre problème, c'est que toutes les administrations, sauf la justice, travaillent exclusivement en français. Et c'est injuste un peu par rapport aux étudiants qui ont été arabisés, et qui se retrouvent avec un handicap de langue important. C'est vrai aussi que les progressistes étaient parmi les francophones, donc si on est contre les progressistes, on est contre les francophones.

M. : Il n'y a pas de tradition linguistique de l'anglais. D'ailleurs le ministre de l'éducation a dit que cela ne se ferait que quand toutes les conditions seraient réunies, ce qui est une façon de temporiser. Quand on regarde au niveau de la médecine, les promotions d'arabisés sont arrivées jusqu'en quatrième année, et finalement ils se sont arrangés pour les faire passer au français. C'est à dire que l'enseignement se fait en français. Les étudiants ont appris le français, avec de très sérieux problèmes sur le plan de la compréhension. Je m'occupe de l'enseignement de la pédiatrie. On a actuellement mille étudiants qui n'ont pas réussi à leur module de pédiatrie. Ils viennent, ils discutent, et disent que c'est le seul module qu'ils n'ont pas eu. La conclusion qu'on en tire, c'est que beaucoup ne parlent pas le français, et on n'est pas sûr qu'ils comprennent les questions qu'on leur pose.

Je ne comprends pas pourquoi ils ont choisi de faire ces études, sachant que c'étaient des études en français.

C'est parce que la médecine est revêtue d'un certain prestige.

Quand vous dites qu'il y en a mille, c'est beaucoup par rapport au nombre d'étudiants ?

Sur Alger, ça doit faire le cinquième ou le sixième.

On a l'impression, pour avoir entendu parler dans la rue, dans la ville, que ni l'une ni l'autre des deux langues n'est maîtrisée. On a entendu une sorte de mélange hybride des deux.

Absolument. Actuellement, c'est un très gros problème de l'Algérie. D'autant plus que cet arabe littéral qui est appris, c'est l'arabe de la presse, ce n'est pas l'arabe algérien. Il y a donc déjà un décalage. Et l'arabe algérien est déjà parsemé de termes de français.

À considérer toutes ces difficultés, par rapport à votre choix de 1962, si c'était à refaire, est-ce que vous le referiez ?

M. : C'était oui, c'est toujours oui. C'était une expérience tellement extraordinaire ! même avec les incertitudes actuelles, c'était fantastique.

En fait, vous n'avez pas quitté votre pays ?

C'est ça ! Très souvent je me dis : « Bon maintenant, à supposer que je quitte mon pays, ou que mes enfants le quittent, ils ont la liberté.» Vous allez me dire, si on me demande de partir demain, ce ne sera plus vrai. Mais j'aurai au moins la consolation de me dire : « Je suis un Algérien qui a été mis à la porte de son pays avec d'autres Algériens ! »

Européens en Algérie indépendante.
Hélène BRACCO
Paris-Méditerranée – 1999

Maqamat Jean-Paul Grangaud : un itinéraire d'Alger à El-Djazaïr.
Abderrahmane DJELFAOUI
Casbah – Alger - 2000

Le noir te va si bien.
(Ahlam MOSTEGHANEMI)

Extraits choisis par Ahmed Hanifi :
https://www.paperblog.fr/7094199/436-ahlem-mosteghanemi/

« Je regardais défiler la ville (Constantine) par la vitre de la voiture qui nous menait de l'aéroport à la maison, et je me demandais : Me reconnaît-elle ? Cette cité-patrie qui accueille ses protégés aux épaules larges et aux mains sales par l'entrée d'honneur... m'avait accueilli parmi les queues des étrangers, des escrocs et petits trafiquants ? Me reconnaît-elle, elle qui contrôle attentivement mon passeport et oublie de s'attarder sur mon visage ? »

« Était-ce ce dîner gargantuesque qu'Atika, la femme de Hassan, nous avait préparé, la cause de mon malaise ? On aurait dit une fête. Jamais je n'avais autant mangé. Un repas historique. Il y avait des plats que je n'avais plus goûtés depuis des lustres... Ou bien était-ce le choc de ma confrontation sentimentale avec cette maison où j'étais née, où j'avais grandi ? Murs, marches, fenêtres, chambres, couloirs gardaient l'empreinte de mes fêtes et de mes deuils, et d'autres jours ordinaires, qui resurgissent soudain... souvenirs extraordinaires excluant toute autre image. Me voilà habitant ma mémoire en réintégrant la maison de mon enfance. Peut-on dormir lorsqu'on a la mémoire comme oreiller ? Les fantômes de ceux qui l'ont habitée rôdent dans les chambres. Il me semblait voir le pan de la robe de ma mère aller et venir dans la cour, exhalant son odeur maternelle, il me semblait entendre mon père réclamer l'eau pour ses ablutions ou crier du bas de l'escalier : « *Dégagez le chemin !* » pour prévenir les femmes qu'un visiteur étranger à la famille l'accompagnait et qu'elles devaient disparaître pour ne pas être vues... »

Citations choisies par Belkacem Ahcene-Djaballah :
https://tipaza.typepad.fr/mon_weblog/2018/09/les-femmes-ne-meurent-plus-damour.html

« La plus riche des femmes est celle qui pose sa tête sur un oreiller garni de souvenirs.» (p 13)

« L'amour ne s'annonce pas. C'est sa musique qui le dénonce.» (p 15)

« Dans le monde de l'argent, comme dans celui du pouvoir, il n'y a pas de sécurité affective .Un homme fortuné doit faire faillite pour tester le cœur de ceux qui l'entourent.» (p 22)

« C'est la servitude, l'injustice et l'avilissement qui conduisent les gens à la folie. Quand l'Algérien perd sa dignité, il perd la raison. Il n'est pas génétiquement programmé pour s'adapter à l'humiliation.» (p 28)

« L'amour nécessite une approche intelligente, de la distance. Vous vous approchez trop près, vous supprimez le désir. Vous vous éloignez trop longtemps ; vous disparaissez dans l'oubli.» (p 47)

« L'indifférence, une arme toujours fatale pour la vanité d'une femme, parce qu'elle fait rebondir sur elle les incertitudes du doute.» (p 54)

« Sur l'échelle des priorités, l'amour venait en premier dans la vie d'une femme. Alors que dans la vie d'un homme, il se tenait au deuxième rang.» (p 142)

« Quand on pratique l'art culinaire avec talent, on sait comment cuisiner les désirs et organiser à la perfection le festin de la vie.» (p 156)

« Seuls les nouveaux riches se vantent de leurs richesses, et seuls ceux qui n'ont pas de relations se vantent d'avoir du succès auprès des femmes.» (p 188)

« Un bon auditeur est préférable à un mauvais chanteur !» (p 191)

« Le plus bel instant dans l'amour est celui qui précède son aveu.» (p 193)

« La vraie richesse n'a pas besoin d'exhiber son or. Elle ne cherche à éblouir personne. C'est pourquoi seuls les gens riches savent d'un regard estimer la valeur des choses qui n'ont pas d'éclat.» (p 219)

« La femme arabe est triste quand elle doit être heureuse, puisqu'elle n'est pas habituée au bonheur.» (p 234)

« La plus grande tragédie de l'amour n'est pas de s'éteindre dans l'insignifiance mais de nous laisser insignifiants après son départ.» (p 318).

«...les peuples arabes : tout en aspirant à la liberté, ils éprouvent la nostalgie de leur bourreau.» (p 322)

Les femmes ne meurent plus d'amour.- (Le noir te va si bien.)
Traduction publiée par Hachette-Antoine. 2018 - Beyrouth-Liban.
En Algérie : Dar El Izza Oua El Karama Lil Kiteb - Oran

Promotion : https://www.youtube.com/watch?v=zzKZUzAbxDI

A Tulawin. (Une Algérienne debout.)
(IDIR & MANU CHAO)

Je suis la prisonnière de l'infamie codifiée.
Je suis le corps, par leurs viols, dévasté.
Je suis la vie, par leur haine, pourchassée.
Je suis l'âme, par leurs horreurs, torturée.

Ghas d rrmel yergh d adfel yessan
D azru yehfan ttin ay t tamurt-iw.
Mazal t beddedd, ur t ghellid ara.
Ssefdd imettawen-im a tamurt-iw...
      (Même si c'est du sable chaud ou
      De la neige cassante, c'est mon pays.
      Tu es encore debout ; tu n'es jamais tombé.
      Sèche tes larmes ; c'est bientôt fini...)

Je suis le cœur, par leur barbarie, saigné.
Mais je suis le courage des combats retrouvés.
Béante est ma blessure ;
J'ai mal à mes enfants décapités :
À Lounès[1], à Tahar[2], Aloula[3], assassinés.

A tulawin, a tihninin
Ssut tirugza a timazighin !
A tulawin, ittijen yefsin
Tufrar tagut afus tighratin...
      (Femmes douces, femmes éternelles,
      Courageuses, libres !
      Femmes-soleil, femmes-lumière
      C'est bientôt fini...)

---

1 Lounès MATOUB, chanteur tué le 25 juin 1998.
2 Tahar DJAOUT, écrivain victime d'un attentat le 26 mai 1993.
3 Abdelkader ALOULA, dramaturge victime d'un attentat le 10 mars 1994.

J'ai mal à ma sœur souillée, par ses violeurs innocents,
Ces faux dévots, ces imams instructeurs,
Prêcheurs d'une haine venue de l'enfer.
Aveugles de la vie, ils ignorent que souffrir n'est pas plier,
Que subir n'est pas abdiquer ... abdiquer !

A tamurt imazighen
D imezwura ay t izedghen
Wer t tnuzu wer t rehhen
Wer t ttawin yaadawen !
     (Pays des hommes libres
     Berceau des Imazighen
     Tu n'es ni à vendre
     Ni à louer !)

Pourtant de Dihya[4] à Fatma[5], de Hassiba[6] à Katia[7], entendez notre message :
Timazighines, femmes libres, Algériennes debout !
De nos larmes, nous arroserons la mémoire.
De nos souffrances, nous tresserons l'espoir.
Le ciel n'en sera que plus clair.
Notre printemps n'en sera que plus beau,
et l'Algérie éternelle n'en sera que plus fière !

Denia, denia Algeria ...
Denia, denia Aldjazaïr ...
Denia, denia Algeria ...
Denia, denia Aldjazaïr ...

À écouter ici :
https://www.youtube.com/watch?v=UCWVZyjz0Cw

---

4 Dihya, princesse (La Kahina) qui s'opposa à l'invasion arabe au 7ème s.
5 Lalla Fatma N'Soumer qui s'opposa à la conquête française au 19ème s.
6 Hassiba Ben Bouali qui participa à la bataille d'Alger.
7 Katia Bengana, lycéenne assassinée par les terroristes le 28 février 1994.

Numidia ma blessure.
(Abdenour BOUHIREB)

Numidia, ma blessure.
Les livres te disent vieille et décharnée,
Toi qui naquis dans le temps jadis.
Trente siècles de vie, vierge tu es restée
Et le soleil irradie encore tes abysses.

Sous tes haillons de pauvre orpheline,
Tu caches de bien précieux trésors
D'émeraudes, d'argent et d'opalines,
Mais ta nuit dure au-delà des aurores.

Infidèle à tous tes amants tu es,
Donnant le sein à la lie des souverains.
En ton ombre, la colère a fini de couver
Et ne porte pas que l'amour en dessein.

Qu'as-tu, ma chère, à pleurer comme ça,
Sur les cadavres de tes hirondelles ?
Lorsque sous tes cieux sonnera le glas,
Qui pourra aimer ton corps de pucelle ?

On te dit sans histoire ni aucune racine,
Toi qui caresses le désert de ta chevelure.
De tous les tyrans tu fus la belle concubine,
T'offrant aux eaux sales et aux rives impures.

Tu es l'infamie et l'honneur réunis,
Noçant à l'heure de ta grandeur déchue.
Tu es, aussi, l'huile, la figue et le pain pétri
Que guettent les spectres et les âmes dissolues.

J'accours t'embrasser avant le trépas
Pour que tu puisses mourir tranquille.
J'accours car le sang et le vin te noient
Et abreuvent tes terres saintes et dociles.

Tu es mon premier et ultime amour
Et mon pauvre cœur n'a pas eu le choix.
Je t'aime avec peine mais sans détour
Et ton âme ne cesse de hanter ma foi.

Je te parle comme si tu étais une femme nubile,
Toi la mère de Lilith, Anzar et de tous mes dieux.
Je te décris, aussi, en traits de glaise et d'argile,
Toi dont le sein est fait de dunes et rocs précieux.

Tu n'es ni l'une ni l'autre, oh Mère !
Et rien de ce délire ne te dépeint.
Tu es le début et la fin de mon mystère
Et de ce qui est mal mais, bien, ne sera point.

Tu es l'ange violé dans les cieux
Ou le diable au pas de la repentance.
Tu es le sacré jardin divin et bleu,
Fait de bordels que peuple l'innocence.

Oh Mère ! tu es la chair défendue
Aux enfants-adultes et aux poètes.
Tous larmoient sans retenue
Et désirent étreindre tes tumultes.

Je te vois harassée telle une abeille
Récoltant la ciguë en nectar de fleur.
Tu fécondes les cauchemars d'éveil
Et ton butin mortel sème la terreur.

Comme une fée en ébat avec le Mal,
Tu finiras par craqueler sous ses dents.
Il te veut sienne ce Mi-dieu mi-animal
Pour te faire porter sa graine de serpent.

Si j'étais mage, je te bénirais,
Puis panserais tes blessures.
Enfin, je soufflerais sur tes plaies
Ma salive en semence pure.

Je voudrais aussi m'évanouir en toi
Et honorer ton corps de mes soupirs.
Je voudrais mourir en râles, mille fois
Et voir enfin ta sève jaillir et rejaillir.

Aujourd'hui, tu es la forêt mue en jardin
Et la patrie des peuples d'ici ou lointains.
Tu es le pays des géants et des crétins.
Tu es la terre des déesses et des putains.

Chez-toi, le trône est à jamais immuable
Et sillons et ravins écrivent ton âge.
Le sort s'acharne sur toi et t'accable
Et creuse sur tes rides d'illisibles présages.

Oh Mère ! je veux te quitter sans retour,
Car je ne puis conjurer ton satané destin.
Mais je crains que la nuée de vautours
Ne fasse de mes aïeux son tendre festin.

Hier, j'ai vu déflorer ton oasis faite de sapins
Et la mort faucher des âmes sans armures.
Je la vois, encore, se draper de blanc satin
Pour te voiler, Numidia, ma blessure.

Alger, le 22 février 2011

Ce texte est aussi un hommage à deux grands poètes, Kateb Yacine et Tawfik Ben Brik. **(*L'Auteur*)**

Il en fallait de l'amour pour pouvoir écrire ce poème charnel, douloureux, élégiaque. **(*Luce Caggini*)**

Poème publié dans le Blog :
https://abdenour-bouhireb.blogspot.com/2011/02/numidia-ma-blessure.html

Hommage à Nabil Farès.
(Amin ZAOUI)

Il était une fois, l'Algérie, ceci est le titre du dernier roman de feu Nabil Farès qui vient de nous quitter en ce 30 août 2016.
Yahia, pas de chance, ceci est le titre d'un de ses premiers romans. Et Nabil Farès n'a pas eu de chance. Il est l'un des oubliés de la littérature algérienne d'expression française.

Nabil Farès est le fils de Abderrahmane Farès, président de l'exécutif provisoire algérien. L'un des aînés, avec toute la charge symbolique de ce mot : Aîné. Sagesse. Exploration. Courage. Patriotisme. Engagement. Les oubliés de la carte culturelle, les éraflés des espaces culturels algériens ou algérois. Ils sont entre autres Nabil Farès, Messaour Boulanouar, Mourad Bourboune, Kaddour M'Hamsadji, personne ou presque de cette nouvelle génération, lecteurs et écrivains confondus, ne se souvient de ces noms qui jadis étaient les bons faiseurs de romans et de poésies.

Tous ces noms ne disent rien, ou presque rien, aux yeux des "importants" de l'Algérie culturelle et littéraire d'aujourd'hui. Qui parmi nous n'a pas lu *Le Muezzin* de Mourad Bourboune, roman courageux et dénonciateur, publié en 1968 ? En ce temps morose que traversent tous les pays du Sud, *Le Muezzin* demeure un texte d'actualité politique et littéraire. Qui n'a pas, un jour, lu *Le Silence des cendres* de Kaddour M'Hamsadji, premier roman algérien traduit en chinois ? Et traduit en arabe par Hanafi Benaïssa (lui aussi oublié), traducteur sans pair. Qui n'a pas, un jour, lu quelques beaux poèmes du feu Messaour Boulanouar, poète dont le nom figure dans la première anthologie de la poésie algérienne écrite par Jean Sénac ? Première reconnaissance par Jean Sénac ! Chacun de ces écrivains vit encerclé par le silence, la maladie ou la marginalisation ou par la mort.

Hormis ses visites personnelles ou familiales, Nabile Farès vit seul, loin de la société culturelle ou littéraire de notre pays ! Existe-t-il une société d'intellectuel(le)s ? Nabil Farès est l'écrivain algérien le plus souriant ! C'est toujours par les éclats de rire qu'il aborde son interlocuteur. Œil sur l'Algérie, qu'il vénère. Son pays qu'il a quitté depuis le jour de l'assassinat du président Mohamed Boudiaf. Même boudé, marginalisé dans son pays, Nabil Farès a continué à écrire des romans. À nous surprendre. À particiter dans des débats autour de son pays l'Algérie, son Algérie à lui. Son dernier roman intitulé *Il était une fois, l'Algérie* est publié aux éditions Achab à Tizi Ouzou en 2011. Une jeune maison d'édition dirigée par un jeune Algérien, qui relève le défi en publiant Jacques Prévert en tamazight !

Dans son roman *Il était une fois, l'Algérie* écrit sur un ton poétique et fragmenté, Nabil Farès peint l'Algérie de la violence et de la fascination. Entre conte, roman et poésie, l'écrivain monte son texte sur la magie du fantastique. Il appartient à la littérature de Kateb Yacine. Les personnages : Slimane Drif, écrivain débutant, Linda, peintre et amie de Slimane, Tania, fille de Selma la disparue… vivent comme dans un cauchemar général ou généralisé. À travers l'enlèvement de Selma, le séisme de Boumerdès, les images cauchemardesques du gouffre, les folies, les égarements… le texte baigne comme dans la noirceur éclairée. *Il était une fois, l'Algérie* est un roman sur la philosophie de la violence, écrit par un psychanalyste. Le même scénario qu'a vécu Mohamed Dib, Mohamed Arkoun, Rabah Belamri, Nordine Abba… tous morts dans l'indifférence et le silence complice, enterrés dans une terre étrangère, se dessine, une fois encore, pour Nabil Farès, cet enfant fragile de cette Algérie forte.

Ma dernière rencontre avec Nabil Farès, auteur de *Yahia, pas de chance*, c'était à Bruxelles, dans un colloque sur "les francophonies d'Europe, du Maghreb et du Machrek" en novembre 2011. Sa présence notable m'a fait penser à toutes ces belles plumes qui ont marqué la littérature algérienne d'expression française avec force et avec grand amour pour l'Algérie. Et ils sont morts en silence ! Aujourd'hui, Nabil Farès, lui aussi, a plié ses bagages pour dire à l'Algérie, même si elle n'était pas très clémente envers lui : *"Adieu mon amour."*

Sources :
https://www.liberte-algerie.com/chronique/adieu-nabil-fares-il-etait-une-fois-lalgerie-354

https://www.lacauselitteraire.fr/adieu-nabil-fares-il-etait-une-fois-l-algerie-par-amin-zaoui

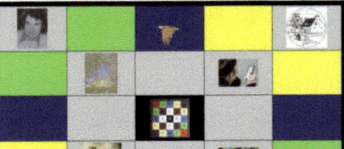
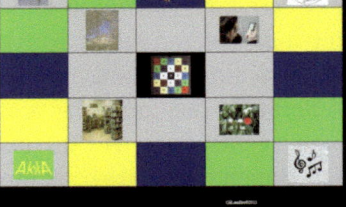

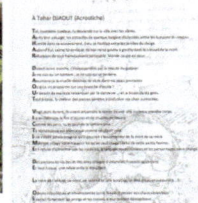

Témoignage de Gérard LAMBERT pour la BDIC
(Bibliothèque de Documentation Internationale et Contemporaine.)
le 2 février 2016

Voilà comment je me suis retrouvé en Algérie en 1971 :

Lors de mon année d'études au Centre de Formation Pédagogique (CFP) en 1970, j'ai fait mes trois jours de caserne. L'armée m'a déclaré apte pour le service militaire mais pas comme parachutiste en raison d'une légère déformation de la colonne vertébrale. De nature timide, j'avais espéré devenir parachutiste pour vaincre mes peurs...

À défaut, je pourrais m'affirmer sur le plan professionnel si je demandais la Coopération militaire. C'est ce que je fis et je fus accepté en tant que Volontaire du Service National Actif (VSNA). J'avais 20 ans ; je ne pouvais partir qu'à la majorité, à 21 ans. J'ai donc enseigné un an à Torcé, une petite Commune proche de Vitré.

Et c'est pendant cette année que j'ai complété mon dossier pour la Coopération. Je ne me souviens pas si j'ai eu à choisir le pays de destination. À 20 ans, je ne connaissais pratiquement rien de l'Algérie. En 1962, j'avais seulement 12 ans et aucun membre de ma famille proche n'était impliqué dans la Guerre d'Indépendance. Mon père n'a pratiquement jamais parlé des guerres même celle de 1939-1945 et pourtant il n'est revenu d'Allemagne qu'en 1948 ou même 1949 !

C'est en 1969-1970 que j'ai côtoyé pour la première fois des familles algériennes. Les étudiants et étudiantes du CFP avaient été sollicité(e)s pour donner des cours du soir à de nouveaux habitants dans la ZUP sud de Rennes en vue de leur alphabétisation. Je me souviens de notre difficulté à communiquer et surtout de leur accueil très chaleureux. Malheureusement j'ai dû arrêter dès les grandes vacances près de Combourg où ma famille habitait (j'y retrouvais mes frères et ma sœur, les voisins et Robert R., un copain du Collège Saint-Gilduin) et dans le Tarn-et-Garonne où j'allais faire la récolte des pêches. En septembre, je ne pus reprendre pour la même raison : la distance entre Vitré et Rennes.

Durant l'été 1971, je fus donc convoqué à Aix-en-Provence. Je me souviens plus de la ville avec ses fontaines que des infos que l'on nous a cependant communiquées sauf le conseil d'acheter le livre *En Algérie* écrit

par Rachid Boudjedra et que venait de publier Hachette.
On a dû aussi nous communiquer notre affectation … et on embarqua à Marseille.
L'accueil à Alger se fit par les Pères-Blancs de Maison-Carrée et le lendemain ce fut le transfert en voiture et mon arrivée de nuit à Taguemount-Azouz : par la route goudronnée jusqu'à Tizi-Ouzou puis par la piste ...

Ce n'est qu'au matin suivant que je découvris le superbe panorama sur le Djurdjura !
L'école des Pères est à l'entrée du vieux village. Elle comprend un bâtiment principal pour le logement des Pères et des Coopérants avec une salle commune et, en bas, la cuisine et la salle à manger. À côté, il y a deux bâtiments récents : l'un de quatre classes ; l'autre c'est le dispensaire. Il y a aussi des annexes, des cours de récréation pour les élèves avec un préau et, de l'autre côté, un jardin.

La nouvelle école se composait donc de quatre classes : deux au rez-de-chaussée et deux à l'étage. Elles étaient très lumineuses et meublées de bureaux disparates mais en bon état, d'un grand tableau noir à rabats et de rayonnages de livres de bibliothèque.

En 1971, l'Algérie continuait à étatiser l'enseignement primaire. L'école algérienne construite près de la mairie accueillait progressivement les élèves du village. Si bien qu'à la rentrée 1971, il ne restait que deux classes primaires à l'école des Pères, deux classes de garçons ! Les Pères-Blancs décidèrent alors d'ouvrir deux classes pré-professionnelles.

On m'a confié les Mathématiques, l'Histoire et la Géographie, mais aussi la Physique-Chimie et le Dessin technique. Pour les Maths pas de problème ! Pour la Physique-Chimie et le Dessin, j'ai dû approfondir mes connaissances. En Histoire et Géographie, j'ai eu tout à apprendre car il s'agissait du Pays de mes élèves et de son Histoire. J'ai utilisé les premiers livres scolaires algériens et aussi un document ronéotypé que le Frère Francois CHAVANE avait publié à Maison-Carrée en 1964. (*Histoire de l'Algérie : grandes périodes et dates principales.*)

Les cours étaient assurés par le Directeur, un Père-Blanc et par les Coopérants. Nous étions trois Français et deux "Arabes" : un Égyptien et un Palestinien. Il y avait aussi deux Algériens pour les classes primaires qui étaient surchargées. Je crois même me rappeler que les enfants étaient scolarisés à la demi-journée : les uns tous les matins, les autres tous les après-midis.

Dans les classes pré-professionnelles, nous avions environ 30 élèves par classe : leurs origines et leurs niveaux étaient divers. C'était de jeunes garçons de la Commune et des Villages environnants. La plupart d'entre-eux avaient quitté l'école publique algérienne pour des raisons diverses. Certains n'avaient pas été admis à l'examen d'entrée au collège. D'autres n'y étaient pas allés (où avaient été renvoyés) pour des raisons plus obscures ! D'autres enfin étaient restés chez eux pour des raisons familiales ou financières.

Tous voulaient reprendre des études orientées vers un vrai métier. À leur arrivée, ils avaient entre 13 et 17 ans ; la formation durait deux ans. Ensuite ils pouvaient faire une formation professionnelle spécifique (chimie, dessin industriel, bâtiment, mécanique, ...) ou rejoindre l'enseignement général afin de passer le brevet qui ouvrait alors de nombreuses portes vers l'enseignement, l'administration ou les entreprises étatiques.

Dès les premiers mois, j'ai été impressionné par leur courage. La plupart faisaient plusieurs kilomètres à pieds chaque matin et chaque soir. Et rares étaient les absences. L'hiver 1971-1972 fut très rude en Kabylie et la neige recouvrit les collines, les sentiers, les ravins pendant des semaines. Alors le Père Directeur (Père Aendenboum) mit la salle commune à la disposition des élèves qui ne pouvaient rentrer chez eux.

L'enseignement se faisait en français (sauf pour les cours d'arabe classique donnés par Kamel le Coopérant égyptien). Bien que leur langue maternelle était le kabyle, les élèves avaient à cœur de parler français avec nous bien sûr mais aussi entre eux lors des activités scolaires et parascolaires (Excursions, rencontres sportives, débats après une projection, ...).

Au début des années 1970 Taguemount-Azouz était encore un gros village traditionnel kabyle desservi par une piste qui le reliait à Beni-Douala (lieu du marché hebdomadaire). Il n'y avait ni eau courante ni électricité au village. Chez les Pères nous disposions d'un certain confort grâce aux citernes pour la récupération d'eau de pluie et grâce au groupe électrogène que l'on faisait fonctionner chaque soir et, de façon exceptionnelle, par exemple pour la projection d'un film.

En dehors des matchs de foot et de la lecture il n'y avait pas de loisirs au village. Si bien que nous avons rapidement organisé des tournois de foot entre élèves des écoles des Pères des Ouadhias et de Taguemount. Notre tâche a été grandement facilitée par André, un collègue-coopérant qui avait fait sa première année aux Ouadhias. C'était une fois chez eux, une fois chez nous. Nous prenions donc le sentier qui part près de Tizi-Hibel, nous descendions jusqu'à l'oued et nous remontions, à travers le maquis, le versant opposé jusqu'à l'école des Pères des Ouadhias où nous étions accueillis par le Père Bladt et Ernest, un ami rencontré au Lycée Saint-Vincent de Rennes. Après les matchs et un goûter : chemin inverse, les jambes lourdes mais le cœur léger même si nous avions été battus !

C'est ainsi que les élèves ont pris goût à marcher en Kabylie pour le plaisir de marcher. Nous avons alors organisé des randonnées jusqu'à Takhort (non loin de la route de Beni-Yenni) et jusqu'aux contreforts du Djurdjura avec une approche en car ou non !

Tous les villages de Beni-Douala étaient au moins desservis par une piste carrossable mais seuls les Pères avaient une voiture. C'est donc à pied que je suis allé chez les élèves dans les villages les plus proches (Tizi-Hibel, Agouni-Arous, Tagragra, Taourirt-Moussa) mais aussi les plus éloignés (Aït Bou-Yahya, Aït-Khalfoun, Aït-Mesbah, Taguemount-Oukerrouche etc …)

Leurs familles m'ont toujours reçu avec beaucoup d'égards malgré la rusticité de leurs demeures. La discussion ne fut pas toujours facile car certaines femmes ne parlaient que le kabyle et leurs maris étaient immigrés en France (ou à Alger mais, à cette époque, rares étaient ceux qui pouvaient revenir au village le week-end). Ces femmes me firent comprendre combien il était important que leurs fils réussissent afin d'échapper à leurs conditions ancestrales de bergers ou de petits fellahs.

Quelques-uns de ces élèves de l'année 1971-1972 travaillèrent si bien qu'ils purent réintégrer l'enseignement général dès la rentrée 1972. Allions-nous manquer d'élèves pour l'année scolaire suivante ? Cela ne risquait pas d'arriver car le bouche-à-oreille avait fonctionné et les demandes d'inscription affluèrent de très loin (Tizi-Ouzou, Alger, Sidi-Aïch, …)

Le Père directeur décida alors de céder deux dépendances aux élèves : l'une comme cuisine avec un poêle à bois et quelques ustensiles, l'autre comme dortoir avec une vingtaine de lits métalliques. Ils pourraient rester ainsi à l'école à la semaine. Ce fut une sorte de pensionnat autogéré ! Chaque semaine, les élèves versaient leur part (quelques dinars) et le Père Élan se chargeait de les approvisionner en semoule, en viande, et en légumes frais. Ni moi, ni les élèves, nous n'avons réussi à deviner comment il pouvait acheter tant de choses avec seulement quelques pièces.
…

L'année scolaire s'annonçait bien mais quelques mois plus tard, le Père directeur dû quitter la direction de l'école et il m'en laissa la charge. Robert le troisième Coopérant français m'apporta son soutien et nous continuâmes les cours et la surveillance de l'internat jusqu'au jour (en mai ou juin) où une décision de fermeture nous parvint. La priorité fut alors de trouver une orientation pour tous les élèves de deuxième année qui avaient fini leur cursus mais aussi ceux de première année dont certains avaient tout juste le niveau cinquième. Et grâce au réseau relationnel des Pères-Blancs, nous avons réussi à leur trouver une place dans un Centre de Formation Professionnelle ou dans l'enseignement général et pour quelques-uns dans la vie active.

Entre-temps, il y eut bien évidemment quelques tracas : élèves qui fumaient, élèves qui étaient trop hardis avec les jeunes filles du village lorsqu'elles allaient à la fontaine ou à l'école des Sœurs de Tizi-Hibel. Et puis la canalisation d'eaux usées de la cuisine du pensionnat que j'ai dû déboucher moi-même car tout le monde avait peur des djinns y compris Mokrane le brave cuisinier des Pères. Il n'était pas pourtant à principes car il nous préparait volontiers du sanglier !

Une fois rassurés sur l'avenir de nos élèves nous décidâmes de finir l'année en beauté. Nous avons organisé une randonnée de trois jours dans le Djurdjura : premier bivouac aux Ouadhias, traversée de la plaine, escalade par les Aït-Bouaddou jusqu'aux crêtes, découverte du Lac Goulmine, deuxième bivouac à la belle étoile et retour vers la plaine puis Taguemount-Ljedid.

Nous avions fait notre tour du monde comme me l'ont rappelé, à maintes reprises, ces anciens élèves. Et ce monde c'était bien le leur : presque tous les villages kabyles sont implantés au sommet d'une colline. Le Djurdjura les domine de ses 2 308 mètres et pratiquement aucun élève n'y était allé avant cette randonnée !

De leur côté, les élèves organisèrent une soirée musicale (chant, derbouka et danse) avec, comme cadeau, un petit mot de chacun pour me remercier d'avoir été leur enseignant, leur directeur et aussi leur ami pendant ces quelques mois. (J'avais 22 ans et certains en avaient 18 !)

Puis ce furent les adieux aux élèves, aux collègues qui partaient vers d'autres horizons, à quelques personnes du village avec lesquelles j'avais créé des liens (le cuisinier, la veuve du jardinier et ses enfants, le postier…), les Pères-Blancs (Il ne restait que le Père Élan indispensable au fonctionnement du dispensaire et le Père Henri Genevois qui était ethnologue. Ce dernier avait publié en 1972 la monographie du village et il continuait ses recherches sur la société kabyle.) Et comme je n'étais pas pressé de revenir en France, je décidai de faire le trajet en voiture via le Maroc et l'Espagne avec Gérard H. et Kamel !

*

À la rentrée 1973-1974, je fus affecté comme Instituteur à Cornillé, une autre Commune proche de Vitré. Je m'y fis des ami(e)s (dont Ali un travailleur qui arriva un jour du Maroc) et je connus la JOC (Jeunesse Ouvrière Chrétienne). Mais l'Algérie ne manqua rapidement ! Je cherchais comment y retourner et je trouvais un chantier de volontariat international organisé par Concordia. Si bien que, début juillet 1974, j'étais en Algérie près de Miliana sur un chantier des JTVA (Jeunes Travailleurs Volontaires Algériens) pour la création d'un village agraire…

Tout me semblait alors possible : rester en Algérie au service de ses petits paysans à qui on venait d'attribuer des terres ou revenir en France où j'avais un poste d'Instituteur. C'est l'amour qui décida pour moi. Je rentrais donc (après une petite escapade en Égypte) pour l'année scolaire 1974-1975 : année inoubliable car ce fut celle de mon mariage avec Marie-Thérèse auquel assistèrent, à Saint-M'Hervé, tous les élèves de ma classe !

Pendant plusieurs années, mes préoccupations furent familiales (naissance et éducation de nos enfants : Emmanuel, Lucie et Solenne) et professionnelles (mutations, avancement…). Mais les liens avec l'Algérie n'étaient pas rompus : je recevais des lettres d'anciens élèves et j'y répondais volontiers. Ernest J., Paul C., André B., Érik (le Père Bladt), Robert D. et moi, nous avons même envisagé de créer l'Association *DJURDJURA* des anciens Coopérants des Ouadhias et de Taguemount-Azouz. Nous avions la devise : " Nous ne demandons pas le bol de riz, mais la fleur qui y soit plantée." Nous avons échangé des nouvelles et puis nous avons reçu la visite de quelques anciens élèves établis en France ou en Allemagne.

Puis ce fut la décennie noire avec la montée du terrorisme en Algérie. Je continuais à recevoir des lettres où mes amis me disaient leur désarroi tout en continuant à m'inviter à leur rendre visite...
« *Si vous voulez aller en vacances, j'habite dans mon jardin ...*»
« *Chez nous, personne ne comprend rien à la situation mais il fait beau : ce serait formidable si vous pouviez faire le voyage.*»

*

Mon premier voyage de retour en Algérie eut lieu au printemps 2002. Saïd I., un ancien élève qui avait repris contact quelques semaines plus tôt, m'attendait à l'aéroport. Son premier souhait fut de revoir l'école de Taguemount : comme moi, il ne l'avait pas revue depuis 29 ans ! Le séjour fut riche en émotions et j'eus du mal à reconnaître certains de mes anciens élèves...

À mon retour, j'imprimai mon journal de voyage que j'intitulai : « *Voyage en Kabylie, à l'Endroit et à l'Envers.*», petit clin d'œil à Albert Camus ! Ce journal, je l'ai réservé pour l'instant à ma famille et aux anciens élèves qui ont pu le lire lors de mon retour en 2003.

Entre-temps, j'avais écrit **mes premières pages-perso sur Internet** :
http://gelambre.pagesperso-orange.fr/vsna_presentation.htm

Elles y sont toujours. On les trouve facilement grâce à mon pseudo : GéLamBre (Gé comme Gérard ; Lam comme Lambert ; Bre comme Bretagne) ou grâce à leur intitulé : Coopération en Kabylie.

Lors de ma dernière année d'enseignement, j'ai été détaché au Centre Régional de Documentation Pédagogique de Rennes (CRDP). J'ai alors eu accès à de nombreux ouvrages dans lesquels j'ai recherché comment 45

écrivains avaient parlé de leur enfance en Bretagne. Puis j'ai regroupé les résultats sous forme d'extraits dans le site illustré *Pti-Bretons* :
http://gelambre.pagesperso-orange.fr/site_pti.htm

En Kabylie, je m'étais intéressé à l'œuvre de Mouloud FERAOUN. La tombe de cet écrivain kabyle, tué en 1962 par l'O.A.S. était à proximité immédiate de l'école des Pères de Taguemount. Quelques extraits de son œuvre figuraient dans les livres scolaires et nous donnions aux élèves la possibilité de lire intégralement : *Le fils du pauvre, Jours de Kabylie, L'Anniversaire...*
Je décidai donc tout naturellement de mettre en ligne des extraits de livres sur la Kabylie. C'est le site *AKKA : la Kabylie des écrivains* (60 écrivains référencés) :
http://gelambre.pagesperso-orange.fr/Site_AKKA/site_akka.htm

Puis Internet a évolué et en 2006 j'ai créé deux blogs : le premier *Coopération en Algérie*, le deuxième *Timkardhit*, mot qui signifie bibliothèque en berbère.

Le Blog **Coopération en Algérie** est hébergé par Haut&Fort. J'y publie des biographies de Coopérants, des extraits de leurs livres pour ceux qui ont été édités, des comptes-rendus de retrouvailles, des témoignages d'Algériens et des points de vue sur la Coopération :
http://cooperation-en-algerie.hautetfort.com

Voici quelques noms :

Au temps des pionniers :
Maxime Picard Auteur de *Chez moi en Kabylie*.
Dans les années 1960 :
Jean Philippe Brette, Auteur de *Souvenirs d'Algérie heureuse*.
Guy Barrère, Auteur de *Maître d'école ou Sahara*.
Serge Noaille, Auteur de *Une année à Douéra*.
Ernest Jouzel, Auteur de *Bretagne-Kabylie à cœur ouvert*.
Joseph Durand, Auteur de *Itinéraire du dernier Coopérant français en Algérie*.
Et tout récemment :
Fabrice Baudin de Thé, Auteur du *Recueil épistolaire L'étoile algérienne* (2007) car il y a encore des jeunes (et des moins jeunes) qui prennent une

année sabbatique pour se mettre au service des œuvres socioculturelles du diocèse d'Algérie. J'en ai rencontré en 2006 qui informatisaient une bibliothèque et je connais un couple qui accueillait les pèlerins au monastère de Thibirine.

Y figurent des gens connus :
Jean-Claude Barreau (Directeur de la Coopération sous le Président François Mitterrand)
Bernard Cubertafond (Ancien Professeur à Sciences-Po)
Charles Bonn (Spécialiste en Littérature du Maghreb)
Domitille Renard (Auteure d'un Mémoire sur la coopération en 2002)
À noter que la Direction Catholique pour la Coopération avait fait une enquête auprès de ses anciens Coopérants en 1997. Les conclusions sont reproduites dans mon Blog :

http://cooperation-en-algerie.hautetfort.com/archive/2010/12/12/enquete-aupres-d-anciens-cooperants-dcc-1997.html

Il y a aussi des Coopérants de fiction :
Par exemple François Huet imaginé par Didier Daenninck pour son livre *Le chat de Tigali*.
ou Roger le Coopérant du film de René Vautier : *La Folle de Toujane*.
René Vautier fut le premier à former les cinéastes algériens. Dès 1962, il essaya de promouvoir un dialogue en images entre Français et Algériens. Il vient de s'éteindre et je lui rends hommage car ses liens avec Algérie ont influencé toute son œuvre.

De 1962 à 1994, nous Coopérants, nous avons été des milliers, des dizaines de milliers (dont 500 à 600 envoyés par la Direction Catholique pour la Coopération). Mais rares sont les VSNA qui mentionnent ce statut dans leur curriculum vitae.

On en trouve quand même sur Internet , surtout ceux et celles qui ont gardé des liens avec l'Algérie :
Dominique et Patrick Cathelin-Jacquemin, Henri Ehret, René Robert, Michel Collignon, Fred Malher...

Et tout récemment, j'ai trouvé un Site d'établissement : l'école Saint-Joseph de Boufarik où sont passés de nombreux Coopérants, notamment des couples qui se rencontrent depuis 2005 et dont certains sont retournés en Algérie.

Pour les Livres sur la Kabylie, le nombre de références a augmenté à la vitesse grand V.
Dans les années 2000, j'ai découvert de nombreux titres de jeunes Auteur(e)s mais aussi des rééditions et des traductions qui ne mentionnaient pas toujours la date de la première édition et où, parfois, n'apparaissait même pas le nom de l'Auteur(e).

J'ai alors commencé à créer des Tableaux-Excel.
Au départ avec les titres dont les extraits figurent dans mes sites *AKKA* et *TIMKARDHIT* :

http://gelambre.pagesperso-orange.fr/Site_AKKA/site_akka.htm

http://timkardhit.hautetfort.com

Je me suis vite rendu compte que je ne pourrai jamais lire tous les livres en rapport avec la Kabylie.
Il y a :
- les livres anciens
- les livres écrits en berbère, en italien, … et même en arabe.
- les livres jamais diffusés
- …

Mais à force de consulter les Librairies, les Bibliothèques, les Catalogues des Maisons d'édition, de la BNF, du Site Dz-Littérature, de Google Books … j'ai établi une Base de données de plus de 5 000 titres. Ce n'est qu'en 2013 que j'ai trouvé la solution pour la mettre en ligne sous la forme d'un OPAC : Online Public Access Catalog.
Elle se présente donc comme un Catalogue de Bibliothèque et a pour nom « *La Kabylie en 7001 livres.* »
C'est ici :
http://www.gelambre.fr

Vous y trouverez pour chaque référence :
- le titre (et le sous-titre)
- le nom de l'Auteur(e) ou des Auteur(e)s

- le genre (roman, poésie, étude de la langue, histoire ou géographie, religion, jeunesse ...)
- l'année de la 1ère édition
  - et, pour les livres récents, l'ISBN et un aperçu.
  -

Pour les années 2010, 2011, 2012, j'y ai ajouté plus de 300 livres par an. Les mises à jour sont en cours pour 2013 et 2014. Elles apparaîtront sur mon mur Facebook GeLamBre :
https://www.facebook.com/GeLamBre

J'allais oublier : j'ai aussi essayé les montages-vidéos.

J'ai commencé par un montage en hommage à ma mère décédée en 1981 et qui s'était inquiétée pour moi lorsque j'étais Coopérant en Algérie.

Puis 4 montages chronologiques et bibliographiques sur l'écrivain Mouloud Feraoun :
https://www.dailymotion.com/playlist/xy27w

et 21 montages pour illustrer l'Histoire de l'Algérie : de la Préhistoire au 3ème mandat du Président Bouteflika :
https://www.dailymotion.com/playlist/xxdco

et encore quelques autres : ils sont en ligne sur le site Dailymotion :
https://www.dailymotion.com/GeLamBre

*

Ceci est un témoignage que j'ai rédigé : il manque de spontanéité mais j'ai préféré lire des mots bien choisis car comme disait Albert Camus :
« *Mal nommer les choses, c'est ajouter au malheur du Monde.*»

Pour conclure je reprends à mon compte cette phrase tirée d'une lettre de Aïssa reçue en 2000 :
« *Espérons que ce nouveau millénaire apportera justice et paix sur toute la planète.*»

Photos de voyage (2007):

Une voiture bien chargée.

Un appartement qui m'attend.

Un mausolée royal à l'horizon.

À Bou-Saâda.

Porte d'El Kantara.

Les dattes de Tolga.

Collection d'objets anciens.

Et "Nouveautés" du SILA.

BONUS :

	Page :
Lettre à mes Parents.	172
Lettre à mon frère Michel.	176
Notes de chantier (1974).	177
Lettres du Père Élan.	181
Lettre de Boussad Z.	183
Lettre de Rachid C.	184
Lettre de remerciements (2002).	186
Hommage à Fadhma Aït-Mansour.	187
Notes de voyage (2007).	188
Mouloud Feraoun (double acrostiche).	195
Kamilia et son frère.	196
Hicham.	197
Éliaz et Yohann.	198
Haïku et mot caché.	199

Première Lettre aux Parents (1971)

Taguemount-Azouz le 26 septembre 1971.

Chers Parents.

Voici déjà une semaine que je suis installé chez les Pères-Blancs de Taguemount-Azouz. Le pays est vraiment sensationnel. Le village, comme tous ceux de la région, est sur le sommet d'une colline à environ 900 mètres d'altitude. Pour y arriver, il y a une seule route, si on peut appeler cela une route ; c'est plutôt un chemin de terre assez large pour une voiture mais avec des trous et des ornières profondes.

Sur les versants de ces collines, il y a seulement quelques arbres : des figuiers et des oliviers. Les buissons et les haies sont en général des cactus géants qui ont à peu près 1,50 mètre à 3 mètres de haut. Au fond entre deux collines, il y a toujours un ruisseau (sans eau) qu'on appelle un oued.

Pour aller d'un village à un autre, nous sommes obligés de suivre la piste et de faire un nombre incroyable de détours. À peu près 10 fois la distance qu'il y a vraiment entre les deux villages ! Si bien que, s'il fait beau, il est aussi rapide de marcher à pieds et de passer par les sentiers.

Ce n'est pas un pays riche : les gens vivent seulement de quelques fruits. Ils élèvent deux ou trois moutons, une ou deux chèvres et certains ont une vache maigre. Les maisons ont plutôt l'air de petites cabanes de jardinier. À l'intérieur de ces maisons, il n'y a presque pas de meubles. Les gosses dorment dans un coin sur des tapis.

Pour ce qui est des gosses, on en voit partout dans les rues qui s'amusent avec des jouets de leur fabrication ; souvent un rond en fer qui roule et un bout de bois pour le pousser.

Dans tous les villages, il n'y a pas d'eau sous pression, si bien que pendant la saison sèche, de mars à octobre ou même novembre, les femmes descendent chercher l'eau aux fontaines en bas de la colline, ce qui fait quelquefois 3 km. Et ensuite, elles remontent au village avec, sur le dos, une cruche en terre ou en peau de chèvre ou encore avec un petit baril.

Il n'y a pas non plus d'électricité. Alors les gens les plus riches s'éclairent au gaz ou au pétrole ; les autres avec des bougies. Il faut dire qu'il fait jour dès 4 heures du matin mais, le soir, à 5h30 la nuit arrive.

Ce qui est aussi très bizarre, c'est le changement de temps. Quand le beau temps est installé, il dure des mois sans voir la moindre goutte d'eau au village. Mais quand le mauvais temps est là (il arrive souvent par un orage), il peut pleuvoir à verse pendant une semaine.

Ce qui est très joli à voir est, quand le soleil perce entre deux nuages, les petits nuages blancs qui se forment dans la vallée à quelques centaines de mètres de nous et qui montent à toute vitesse vers le ciel en zigzaguant suivant que le vent les pousse à gauche ou à droite.

Le vent a une force incroyable. Il se lève d'un coup et tourbillonne en soulevant des nuages de poussière, du sable et même des cailloux.

En face de notre colline, à quelques kilomètres, se dresse la montagne Djurdjura dont les sommets en ce moment sont absolument nus mais qui changent de couleur avec les moments de la journée, avec le temps et qui, en hiver, sont recouverts de neige. Le plus haut sommet fait, je crois, 2 400 mètres.

Comme vous pouvez vous en rendre compte, c'est un pays très montagneux. Et quand on sait que quelques élèves font 14 km à pied matin et soir dans ces collines pour venir à l'école, on admire leur courage.

Ces élèves ont vraiment l'intention d'apprendre quelque chose et de faire le maximum pour réussir un examen. Ils ne savent pas à quoi cela va leur servir mais ils savent très bien et ils le sentent que, sans ses études, ils seront obligés de rester dans leur village, c'est à dire dans le bled à cultiver un lopin de terre, à cueillir quelques figues ou quelques olives, à mener l'âne ou à garder le troupeau dans un endroit où la terre est aussi nue que là où on vient de labourer.

Or ils savent qu'il y a besoin de maçons, de plâtriers, de menuisiers et d'ouvriers en tous genres. Mais, pour y arriver, il faut avoir des diplômes, au moins le certificat qui compte beaucoup. Car il y a tellement de jeunes à se présenter que les patrons choisissent les plus instruits.

Ainsi j'aurais, cette année, deux classes, une classe de quatrièmes et une classe de troisièmes avec des élèves de 15 à 20 ans. Ils sont décidés à travailler ; alors ça va mais il faut être exigeant pour qu'ils viennent en classe sans oublier de se laver (certains ont une bonne couche de crasse !). Mais que voulez-vous ? Si le matin, ils doivent faire 3 km pour aller à une fontaine et 14 pour venir à l'école ! On fait ce qu'on peut...

Et voici, chers parents, les conditions dans lesquelles on vit et on travaille ici. La santé est très bonne. Je suis ici avec, pour le moment, un Père-Blanc qui est directeur, deux Coopérants français dont l'un est de Toulouse, l'autre de Lyon et deux Coopérants arabes dont l'un est égyptien et l'autre palestinien.

Pour le moment, temps assez pluvieux mais il ne fait pas froid. Beaucoup de travail mais hier nous sommes allés aux Ouadhias, là où enseigne Ernest (que j'étais allé voir à Janzé avant de partir et qui était avec moi au C.F.P.).

Avant de vous quitter, je vous demanderais de bien vouloir m'envoyer un colis avec :
     3 piles bâton petites
     2 (ou 4) piles bâton moyennes
     2 pellicules diapositives couleur
     1 bombe de mousse à raser
     3 paquets de 10 lames Gillette *
     mon chemisier jaune.
     Et autre chose à votre convenance.
Je crois que vous avez le droit jusqu'à 3 kilos.

* Tout ceci est pratiquement impossible à trouver en Algérie ou bien c'est très cher.

Ne pas oublier d'écrire en grand sur le paquet : COLIS FAMILIAL

Je vous embrasse en vous souhaitant un automne sans trop de rhumes.

À cause du manque de temps que j'ai pour le courrier, vous voudrez bien faire passer cette lettre à Parrain, Marraine, Francis, le cousin Jean, les religieuses de La Chapelle, et à toute personne qui a demandé de mes nouvelles.

En espérant vous avoir intéressé et en pensant vous avoir donné certains renseignements sur un pays autre que le nôtre et des gens bien différents, je souhaite le bonjour et je dis ma reconnaissance à toute personne qui lira ces lignes.

Gérard

Attention Timbre à 0,60 franc pour une lettre à cette adresse :
Gérard Lambert
École des Pères Blancs
Taguemount-Azouz (G-K)
Algérie

Lettre à mon frère Michel (8 ans).

Taguemount-Azouz le 30 septembre 1972.

Cher Michel,

En recevant ta lettre, j'ai pensé à ta fête* mais un peu tard. Hier un Professeur d'Alger est venu au village ; lui aussi s'appelle Michel.

Cette année, il y aura seulement trois classes mais avec des élèves qui habitent très loin ; aussi loin que de chez nous pour aller à la mer. Ils restent à l'école le soir et même le jeudi : ce sont des pensionnaires. C'est moi qui m'occupe de l'internat. Avec les élèves, on a nettoyé 3 ou 4 pièces et on a fait de la peinture. Il y a un réfectoire, deux dortoirs et une cuisine mais ce sont les élèves qui se débrouillent pour acheter les provisions et pour préparer le repas. Jusqu'à maintenant, ça marche très bien.

Nous nous sommes régalés avec les fromages et le beurre que les parents nous ont envoyés. Dommage que celui-ci était un peu fondu ! Ici le temps est très beau mais, avant-hier, il y a eu un violent orage.

Même si tu n'as pas la même maîtresse d'école que l'an dernier, j'espère que tu travailles bien. N'oublie pas de lire et de travailler même à la maison. Demande un livre à Joël, si tu veux, comme cadeau pour ta fête. Il pourra l'acheter à Rennes ou à Combourg ou même auprès de ta nouvelle maîtresse.

Bonne fête Michel et Bonjour à tous.

Gérard

* Saint-Michel est fêté le 29 septembre.

Notes de chantier de volontariat (1974)

3-4 juillet 1974
Départ de Marseille à bord du bateau *Le Tassili* ; sillage très marqué d'un bleu presque transparent.
Rencontre avec un jeune Kabyle de Paris qui va en Algérie pour la première fois à 16 ans : enthousiasme de découvrir son pays. Étonnement et admiration pour le volontariat d'Étrangers.

5-6 juillet
Passage au siège de la JTVA (Jeunes Travailleurs Volontaires Algériens) : vérification de l' *"ordre de mission"* de Concordia (Paris).
Bon accueil ; 6 ou 7 chantiers en Algérie ; pour moi, à 5 km de Khemis-Miliana ; transport par train.
Question qu'on me pose : *Le volontaire étranger peut-il être désintéressé au point de payer son voyage et de travailler gratis ?*
En ville, cette banderole " LA JEUNESSE DU TIERS-MONDE : PARTIE INTÉGRANTE DE SES PEUPLES."
Ce soir à la télé : Documentaire sur l'indépendance de l'Algérie (Réalisation Daniel Costelle)

7 juillet
Discussion à propos de la Coopération.
Le Coopérant (en majorité) fait un travail consciencieux. Mais il dissimule, il supprime les manques, les laisser-aller. De ce fait, il ne permet pas à l'administration algérienne en place de s'affronter aux vrais problèmes.
Questionnement : ne vaudrait-il pas mieux une Algérie dans la merde sans Coopérants en vue d'une prise en charge des responsabilités par les gens en place ?
Transport en voiture à Aïn-Sultan ; sur place, on sympathise de suite avec les cuisinières.

8-9-10 juillet
Découverte de l'ancien village : quelques anciennes maisons coloniales, gourbis en briques sèches, poste, épicerie et quelques cafés.
Auparavant 3 000 ha exploités par 7 ou 8 colons ; à l'indépendance, les privilégiés se sont emparés des terres.

Actuellement encore il y a des paysans sans ressources. La révolution agraire a attribué à de petits fellahs environ 1 600 hectares à raison de 2 ha 60 chacun.
Nouveau village : grand chantier et plans tracés sur le terrain. Participation des gens du village pour la surveillance et l'arrosage des fondations. Demande d'explication du plan-type d'une maison.
Creusement à la pioche et à la pelle des fouilles pour les fondations.

11 juillet
Arrivée d'un Animateur qui vient de Tlemcen où un chantier a été annulé car non préparé par les autorités locales !
Diversification des tâches : puits, ferraille, semelles...
1ère soirée avec les enfants et les jeunes du village.

12 juillet
Manque encore d'organisation dans le travail : les maçons demandent de l'aide pour fabriquer le béton et le transporter mais aussi pour leur apporter les briques.
On fait appel aux jeunes du village pour nous aider mais refus de leur part. Par contre, le soir, ils attendent une veillée !

13 juillet
Aperçu de la vie au village : des enfants transportent de l'eau en faisant rouler un bidon de 100 litres.
Rendement nettement meilleur grâce à la participation de tous les Animateurs après une mise au point. (La meilleure motivation n'est-elle pas l'exemple ?)
Visite et discours du Secrétaire des JTVA : de grandes formules abstraites pour moi et plus encore pour les Jeunes Volontaires.

14 juillet
Excursion à la plage de Chenoua : baignade très agréable ; beaucoup d'ambiance dans le car à l'aller.
Pique nique. Question : Qui d'entre nous connaît encore le goût d'une tomate fraîche cueillie et bien mûre ?
Le temps se gâte (vent et poussière) ; l'ambiance aussi ...
Au retour, arrêts tous les 7 ou 8 kilomètres (fuite de carburateur)

15 juillet
Les villageois manifestent peu d'intérêt pour nous (et vice-versa, il me

semble) ; cependant ils nous offrent facilement du petit-lait, des fruits ou du pain. Ce soir, ce sera petit-lait et couscous.
Remarque : toute bonne action est porteuse d'espoir.

16 juillet
Départ de Martine et Nicole, les 2 seules filles du chantier.
En après-midi, travail à la ferraille ; facile mais nécessitant quelques connaissances techniques. On apprend au contact des ouvriers qualifiés mais, parfois, on a l'impression de les gêner.
En soirée : invitation au village à un mariage avec repas et "quête".

17 juillet
Deux conceptions différentes du travail :
la 1ère : le travail comme occupation c'est-à-dire, la plupart du temps, repos.
la 2ème : le travail comme rendement c'est-à-dire efficacité.
Soirée tranquille avec un petit groupe sous un olivier

18 juillet
Lever de drapeau
Questionnement : qu'ai-je fait pour mes compagnons de travail, pour les attributaires de ce travail, pour le rapprochement des peuples ?

19 juillet
Discussion avec un Jeune Volontaire orphelin à l'âge de six ans ; élevé dans un centre d'éducation spécialisée mais dépendant de la charité des gens qu'il connaît...

20 juillet
Travail à la montagne : réparation d'une conduite d'eau potable.
Discussion avec un vieux du village : ce qui est nouveau ici c'est le vol ; auparavant, on pouvait laisser la charrue au champ pendant les labours. Maintenant on n'a pas fait 100 mètres que quelqu'un s'en empare !
Conséquence de l'arrivée au village de nouveaux habitants venant d'autres villages et même d'autres régions.
Se sent responsable car lui-même a vendu les terres familiales malgré le vœu fait à sa mère.

21 juillet
Visite de Miliana
Montée importante vers un nouveau paysage : arbres fruitiers, route bordée de roseaux qui cachent les jardins et les maisons.
Miliana : ville agréable. Beaucoup de verdure, fleurs, bassins et poissons.
Repas dans une crèmerie, un endroit encore abordable pour les jeunes qui m'accompagnent.
Sans le sou, ils sont pourtant sollicités par un "*Mendiant*" !
Retour en car pour les plus rapides, en stop pour les autres.

22 juillet
Travail à la canalisation : grande fatigue et chaleur accablante. Mais il n'y a pas le choix : il faut rétablir l'eau pour le village !
Peu d'enthousiasme dans le travail sauf pour les Jeunes qui ont profité de l'excursion à Miliana.
En soirée, réflexion sur l'organisation : au lieu d'avoir un grand groupe de 60 volontaires ne pourrait-on pas constituer de petites équipes ?

23 juillet
Manque de travail à cause d'un manque de matériaux (commandés depuis longtemps mais tout est prioritaire !)
Travail à la canalisation difficile car les racines d'un gros arbre sont imbriquées dans la canalisation en tuiles.
Soirée pour les Volontaires et les Jeunes du village.
Discussion au sujet de la dignité : on doit aussi le respect à la personne qui dort (de même qu'à la dépouille d'un mort).

24 juillet
Travail à la canalisation avec l'aide d'ouvriers des Ponts et Chaussées.

25 juillet
Départ en montagne personnellement dans le but de faire des photos
Au retour des discussions avec les "Ponts et Chaussées" : notre travail n'aurait-il pas pu être réalisé par des machines et à moindre frais ?

26 juillet
Pour tous, tristesse du départ ; échanges à la hâte de quelques adresses ; distribution très appréciée de *diplômes*.
Chacun tient à garder bonne impression du chantier.

Lettres du Père ÉLAN
(1982, 1994 et 1998)

Tizi-Ouzou, le 1er janvier 1982

Chers Monsieur et Madame Lambert.

En ce jour du nouvel an, je viens vous offrir mes meilleurs vœux pour 1982. Bonne et heureuse année à vous et à vos enfants ! Bonne santé, bons succès dans vos activités scolaires et autres.
Nous avons eu cette année la visite de Robert Delrieu et de sa femme. À quand votre visite ?
Votre presque voisin, le Père de Talhouët, a été victime d'une hémiplégie, il y a quelques mois. C'est douteux qu'il s'en sorte.
Pour nous, tout va assez bien. Je souhaite qu'il en soit de même pour vous, très bien même !
Veuillez recevoir mes meilleures salutations fraternelles. Que le Seigneur vous aide !

*

Billère, le 31/12/1994

Cher Gérard, chère Madame Lambert.

J'ai reçu avec beaucoup de satisfaction votre carte de bonne année. Recevez aussi pour 1995 mes meilleurs vœux de bonne et heureuse année et de bonne santé pour vous et vos enfants.
Merci aussi de vous être penché sur mon problème du moment. Avant de quitter l'Algérie, pour me soigner à l'hôpital Saint-Joseph à Paris pour phlébite, je faisais partie du poste de Tizi-Ouzou, et j'ai bien connu les Pères assassinés à l'exception du plus jeune. Cette mort nous est pénible mais je me souviens, qu'étant jeune, je considérais le martyre comme la mort normale du Missionnaire, et en 1957, j'ai bien failli passer par là !
Le cimetière de Tizi-Ouzou va contenir désormais quatre corps de confrères tués et deux autres dont le Père Garnier mort accidentellement l'année dernière.
Ici à Billère, nous sommes cinq ou six Anciens de Kabylie, dont le Père Poyto et le Père Juguet (que vous avez pu connaître : Le père Juguet est de Bain de Bretagne !)

J'espère qu'à la maison vous allez tous bien. Personnellement, en octobre et novembre, j'étais à l'hôpital de Pau, pour diabète.
J'ai aussi une vue très déficiente. Je ne dois pas oublier que j'approche de 85 ans.
Je n'ai pas de nouvelles de Robert Delrieu. Ernest est venu ici l'an dernier avec sa famille.
Je vous embrasse et je prie pour vous.

*

Billère le 6 juillet 1998

Chers Monsieur et Madame Lambert.

J'ai eu la joie de recevoir ce matin votre carte qui m'a rappelé bien des souvenirs.
Pour les publications dont vous me parlez je crois que le mieux c'est de vous adresser au Père Jacques Lanfry qui est maintenant dans notre maison de repos de Bry (94 366). Il vous répondra sûrement.
Pour moi la santé n'est pas très bonne. Je perds la vue et je souffre de diabète. Remarquez que j'en suis à ma 86ème année. Je suis obligé de vous faire écrire et c'est toujours ennuyeux !
Je n'ai pas de nouvelles récentes de vos anciens collègues ; le dernier que j'ai vu c'est M. Mirsky.
De Kabylie, je n'ai pas de nouvelles bien récentes. Le Chanteur kabyle Matoub Lounès était de notre école mais je ne l'ai pas connu. Alors que je connaissais très bien sa famille ! Il y avait même chez eux une Française, Madeleine, et pendant plusieurs mois, je suis allé lui porter la communion avec le Père Garnier jusqu'à notre départ de Tizi-Ouzou.
J'espère que vos enfants et vous-même êtes en bonne santé.
Ici il y a peu de Pères que vous ayez connus : les Père Poyto et Juguet. Et je crois que c'est tout !
Bonjour à tous les anciens Maîtres et Élèves de Taguemount-Azouz et de la région.
Nous avons ici un Frère d'une paroisse voisine de la vôtre qui est mort le mois dernier : Jean Boisramé.
Pour moi ça va clopin-clopant. Je reçois des visites : la dernière est celle d'une nièce qui va passer un mois de vacances dans les Pyrénées.
Je vous laisse en vous embrassant de bon cœur. Je prie bien pour vous et pour toute votre famille.

Lettre de Boussad Z.

D.D.R. Le 9 9 1981

Cher Ami Gérard

Vous m'excuserez de ne pas vous avoir donner de nouvelles depuis décembre. Ce n'est ni de la négligence ni un oubli de ma part. Tout simplement, j'ai perdu courage et espoirs. Si je vous oubliais, je devrais aussi oublier mon défunt père qui a été enterré le 21 01 1980.

Dans votre lettre du 27 01 81, vous avez écrit que *lorsqu'on voyage, on est amené à vivre des situations différentes de celles que l'on a l'habitude de vivre dans son pays d'origine.* C'est tout à fait normal de vivre comme ceux avec qui on doit vivre. Nous pourrions, comme l'a chanté Enrico MACIAS, *faire du Monde, un Paradis*. Nous pourrions vivre en PAIX si chaque individu (chaque être humain) avait ses droits, sa dignité et sa liberté d'expression.

Penchons-nous un peu sur mon Pays : l'Algérie.
1. La Charte nationale n'a pas été appliquée.
2. Il n'y a qu'envers les pauvres que le socialisme est appliqué ; les autorités qui dirigent le Pays sont capitalistes.
3. Notre vraie Histoire nous est cachée : pourquoi ne parle-t-elle pas de Massinissa, de Jugurtha, de La Kahina ?

Ces derniers mois, des étudiants et des employés de Tizi-Ouzou ont été blessés lors de manifestations où ils revendiquaient la liberté d'expression, des droits pour les travailleurs et pour les femmes. (Nous ne sommes plus dans les années 1600, époque où la femme était esclave.)
Cela ne veut pas dire que je sous-estime mon Pays ; je suis fier d'être Algérien même si je ne connais guère l'Algérie !

Vous avez aussi écrit dans votre lettre : " *Restons Hommes avec nos limites, et sachons voir Dieu à travers notre vie, nos compatriotes, nos compagnons de travail et à travers ce qui se passe dans le Monde.*"
Qu'attendons-nous ? Nous perdons beaucoup de temps !

À part ce qui accable mon cœur, la santé est bonne...
Emmanuel a, sans doute, bien grandi, sa sœur Lucie aussi ...
J'espère que vous avez pu profiter de la terrasse en famille.

Si vous me répondez le mois prochain, envoyez votre courrier en Algérie (j'y serai pour les congés).

Mes Amitiés sincères. Boussad.

Lettre de Rachid C.

Le 27/5/1990

Cher ami Lambert.

C'est avec un très grand plaisir que je vous envoie, de Kabylie, cette lettre tout en vous souhaitant, à vous, à votre chère femme, ainsi qu'à vos trois enfants, mes meilleurs vœux de bonheur et une parfaite santé.

Cher Ami, je vous demande toutes excuses du fait que je ne vous ai pas répondu plus rapidement.

Tout d'abord, je vous remercie infiniment du fait que vous avez pensé à moi, une nouvelle fois. Vraiment, c'est très gentil de votre part. De toute façon, moi non plus, je ne vous ai pas oublié et je ne cesserai pas de vous écrire.

De ma part aussi, je pense, à chaque fois, à vous, et j'essaye, par tous les moyens, de me rappeler les moments qu'on a passés ensemble. Enfin tout ça, pour moi, c'est inoubliable.

Dans votre lettre, Cher Ami, vous m'avez envoyé la photographie de la mosquée de Rennes où il y a eu un attentat. Je ne sais pas quoi vous dire là-dessus. Mais je pense que tout ça, ça ne mène à rien ! À propos du racisme, je pense que c'est le moment, pour les Français et pour toutes les autres nations, de mieux prendre ça au sérieux. Parce que je pense qu'on est tous de passage sur cette Terre.

Et pourquoi la guerre ? Pourquoi le racisme ? Je pense qu'on est tous des êtres humains : il n'y a aucune différence entre un Blanc et un Noir, entre un Européen et un Africain. Mais les Politiques, je ne m'en occupe pas. Ça ne me regarde pas et je ne m'y intéresse pas du tout. Moi je ne regarde pas le passé ; je suis au présent, et je pense à l'avenir.

Autre chose à vous ajouter : c'est que, chez nous, à présent, on a placé une parabole (antenne) et avec, on reçoit toutes les chaînes de télévision française. Maintenant, je regarde toujours les débats sur La Cinq et aussi l'émission 7/7 de TF1. C'est formidable.

Chez nous, la situation personne ne la comprend bien : on ne sait par encore qu'est-ce qui va se passer.

En dehors de tout ça, au village, il fait beau temps : c'est le printemps et le paysage est formidable. Surtout du côté du Djurdjura mais aussi, partout en Kabylie. Ce sera formidable, pour vous, si vous pouvez faire un voyage ici en Algérie. De toute manière, vous êtes les bienvenus.

Moi, dans quelques jours, j'aurai un congé annuel. Je pense que vers la mi-juin, je viendrai en famille, avec ma femme et ma fille, chez mes beaux-parents dans les Yvelines.

Aussi j'aimerais bien faire un tour chez vous en Bretagne, si tout se passe bien. Si c'est possible pour qu'on se voit, vous pouvez me téléphoner au numéro que je vous joins. C'est une Agence de voyages. À partir du 20 juin, je ferai un tour à l'Agence pour savoir si vous m'avez laissé un message.

À présent je n'ai rien à ajouter, à part un grand bonjour de ma part à vous tous.

Rachid C.

Lettre de remerciements (2002).

Chers Amis

Par ce courrier, je voudrais témoigner à chacun toute ma gratitude. Grâce à vous et à vos familles, j'ai passé trois semaines auxquelles j'attacherai, à jamais, beaucoup d'importance.

Qui allais-je trouver après 30 ans ? Des pères de famille ? Des chefs d'entreprise ? Des fonctionnaires ? Des techniciens ? Des travailleurs ? Des chômeurs ? Des hommes de pouvoir ? Des opposants politiques ? Des individus blasés ? Des blessés de la vie ? ...

Comme dans tout groupe humain, chacun a évolué selon son tempérament, les circonstances et son destin. Ayant été votre enseignant à un moment crucial, je me suis toujours senti en partie responsable de votre devenir.

Votre situation et votre humanité m'ont prouvé que j'avais eu raison de croire en vous. D'ailleurs les efforts que vous aviez fournis pour reprendre les études présageaient de votre volonté de réussir.

J'ai été heureux de voir que l'électricité et l'eau sont arrivées dans les villages, que des constructions vastes et fonctionnelles ont été édifiées, que les produits de consommation sont présents sur les marchés et dans les boutiques.

Bien sûr, le confort matériel n'est pas tout ! Il est difficile de faire des projets, de prendre des loisirs et de se cultiver intellectuellement dans un climat d'insécurité ou de méfiance.

D'autre part, je comprends l'inquiétude de vos familles par rapport à vos enfants. Dans quel monde seront-ils amenés à vivre ? En Europe, il est déjà difficile de se projeter dans les 10 ans à venir. En Algérie, qui sait ce que demain vous réserve ?

Quoi qu'il en soit, ayez la conviction nécessaire pour montrer à vos jeunes, les bienfaits de l'instruction, de la lecture et de l'ouverture aux autres. Malgré la télévision parabolique et la presse people, l'obscurantisme et le communautarisme sont des menaces pour la cohabitation de tous les êtres humains sur cette Terre.

Recevez mes chaleureuses salutations et les remerciements de toute la famille pour l'accueil et les cadeaux dont vous m'avez chargé.

Gérard

Mon témoignage en hommage à Fadhma Aïth Mansour AMROUCHE

Baillé, petite Commune (entre Rennes et Fougères), a connu ce dimanche 8 juillet 2007, une affluence exceptionnelle.

Les passagers des quatre bus affrétés par la Coordination des Berbères de France ont suivi les musiciens et se sont regroupés autour de la tombe de Fadhma Aïth Mansour AMROUCHE.

Après un rappel de sa vie, par le M. le Maire et quelques hommages, la CBF (Coordination des Berbères de France) a déposé une gerbe et, quelques admirateurs, des fleurs naturelles.

C'est alors que le groupe "RACINES" a entonné un chant de Taos à faire sourdre les larmes... puis une musique d'invitation au pique-nique.

Dans l'après-midi, l'assistance était très nombreuse pour écouter ce que les un(e)s et les autres ont découvert d'essentiel dans la première autobiographie d'une Algérienne : *"Histoire de ma vie."* (livre écrit à la demande de ses enfants en 1946, complété en 1962 mais publié seulement en 1968).

Ce que j'en retiens, c'est le courage que cette femme a eu pour affronter la dureté de la vie, (rejet, exil, deuils...) Et aussi pour transmettre à ses enfants les dictons et proverbes, les poèmes et chants traditionnels. Et c'est bien grâce à elle que Taos a écrit *"Le grain magique"*.

Moi j'ai découvert la culture berbère grâce à Mouloud FERAOUN, Taos AMROUCHE, puis IDIR avec sa chanson *"A Vava Inouva."*, ...

C'était pendant la coopération (71-73), et j'ai souvenir des pierres plates *"du ruisseau où les femmes allaient laver leur linge, près du hameau de Tagragra"*, l'endroit-même où la mère de Fadhma Aïth Mansour allait tous les mercredis. (fin du 19ème siècle)

C'est bien grâce aux Kabyles que j'ai réalisé que je suis aussi Breton.

Vidéo en ligne : https://www.dailymotion.com/video/x2itak

Notes de voyage en Algérie – 2007

Mardi 2 octobre
Traversée sur le bateau SNCM-Méditerranée en compagnie de Lounès avec sa fourgonnette chargée de 13 caisses de livres et d'affaires pour sa famille et mes amis.
Sur le pont, déambulations d'hommes en qamis et de femmes en hidjabs.
Coucher de soleil féérique.

Mercredi 3 octobre
Pour mes caisses de livres, longue attente et conciliabules sans fin à la douane puis au *souk* des Dépôts où je dois les laisser !
Voyage stressant entre Alger et la Kabylie (circulation très dense).
Et à Tizi (ville "totalitaire" sous les hauts-parleurs des multiples mosquées), rencontre de Ziad vieilli et fumant.

Jeudi 4
Saïd égal à lui-même mais pas de cigarettes pendant le Ramadan.
Repas du *ftour* avalé en 5 minutes chrono !

Vendredi 5
À Tamazirt, Amin compréhensif et grand-mère fatiguée mais fière.
Photos au jardin : oranges, plaquemines, …
Vers Ouaguenoun où Lounès m'attend pour un excellent repas et une soirée familiale (sa nièce s'amuse à lui chercher des cheveux blancs !).

Samedi 6
Couscous aux raisins à 4h30 (1er jour de jeûne pour Lyès).
Visite de Mekla (on nous montre le cimetière chrétien.)

Dimanche 7
Virée avec Saïd. Achat de raisin en bord de route vers Tigzirt : qualité supérieure (récolté sur une vigne de 1956 !)
Passage à l'hôtel Lalla-Khedidja vide !
Dans la ville nouvelle de T-O, visite de l'appartement de Madjid, une coopérative immobilière.
Discussion sur le manque d'intérêt culturel des Jeunes.

Lundi 8
Montée au *Beloua* en taxi collectif (plus rapide à pied !)
Passage à l'AJIE (Asso. pour la Jeunesse Innovatrice et l'Environnement).

Aux Maâtkas, rencontre avec Rabah M. et Boussad Z. (anciens élèves), Fresque réalisée en 1992 sous la direction de Denis MARTINEZ.

Mardi 9
Accueil chez Mokrane B. (ancien cuisinier des Pères)
Discussion avec son fils Kamel : " *À Taguemount, on était jeunes et on n'a pas su préserver ce que les Pères ont laissé (piano, films, ...)* "

Mercredi 10
À la Librairie des Genêts, mon assiduité interpelle !
Rendez-vous raté avec Saïd Z.
Pour le repas du ftour, j'arrive trop tard au resto (Les Algériens sont tous partis comme une volée de pigeons !)
Spectacle au théâtre Kateb Yacine : huées jusqu'à l'arrivée des chanteurs Moh et Youcef HESSAS avec sa voix de chérubin.

Jeudi 11
Voyage avec Madjid qui parle de son père *"à 2 têtes"* !
À Tipaza, trousseau fait-main par Zineb : linge de lit fleuri rose, coussins noirs brodés de fleurs d'or, ...

Vendredi 12
Taille des palmiers avec une scie-égoïne courbe.
Question : qu'est-ce qui est le plus important ? Finir de ramasser les branches ou aller à la Djemaâ ?

Samedi 13
Attente à l'extérieur pendant la prière de *Salat el Aïd* à la grande mosquée de Tipaza et accueil par un imam et quelques fidèles.
Discussion sur les *Unitaires* (antérieurs au Prophète !)
Départ tardif pour Hammam Righa et arrêt à la mosquée : visite ratée !

Dimanche 14
Bus pour Tizi-Ouzou.
Slogan de la prévention routière : PAPA, JE PRÉFÈRE T'ATTENDRE QUE DE TE PERDRE.

Lundi 15 octobre
Passage chez les Pères-Blancs mais c'est l'heure de l'office.
En librairie, recherche de la liste des communes de la Wilaya 15, mais photocopieuse en panne !
Passage au Croissant-Rouge mais à 16h15 c'est déjà trop tard !

Les 3 D de Saïd : Décolonisation, Développement, Démocratie.
Et la Parité ? Qu'en pense-t-il ?

Mardi 16
Rencontre avec Hocine Azem (grâce à l'Association Amusnaw).
Ce que j'apprends :
- Slimane Azem s'est exilé suite à un différend familial.
- L'argent des *Aarchs* (mouvement de 2001) s'est volatilisé !
- Les très jeunes enfants sont conditionnés par la télé et les cassettes de comptines *mus-mus* !
Accueil par les familles Habi dans leur village Aït-Mesbah.
Réflexion de Mohamed: *Il vaut mieux connaître la misère du chat que celle du rat !*

Mercredi 17
Proposition de Ziad de prolonger mon séjour pour le Salon du livre.
Refus catégorique du responsable du Croissant-Rouge d'accorder le visa si on ne veut pas leur donner tous les livres rapportés.
Boutons de fièvre : aurais-je une allergie à ce pays, à ses haut-parleurs, à sa radio ? Envie de mettre les bouts … mais réconfort de Saïd et mariage en vue du frère de Lounès.

Jeudi 18
Dans Boutique informatique : photocopies et gravure d'un CD-ROM.
Au mur : L'ÂME VIVANTE EST DANS LE MÉTIER BIEN FAIT ET DANS LE TRAVAIL DE TOUS LES JOURS.
Visite de Tadmaït (Ex-Camp du Maréchal) : vestiges coloniaux et jardins plus embellissements.

Vendredi 19
Arrivée à Ouaguenoun, pile pour aller chercher la mariée.
Chargement de couvertures, de gâteaux et d'œufs, ...
Office avec alléluia version disco, prêche avec *Amen*, vœux.
Repas de fête sur plateaux, danses traditionnelles et modernes.

Samedi 20
Découverte intéressante de l'artisanat aux Aït-Hichem.
Sieste dans la voiture (fatigué et malade !)
Consultation à l'hôpital de Tizi d'un médecin affable et rationnel.
Je me soigne … et Sarkozy divorce !

Dimanche 21
Demande de Lounès pour retarder le voyage-retour.
Stress de Dihya avant le brevet. Une promenade en famille serait bénéfique...

Lundi 22
Report du retour au 1er novembre.
Balade à Taboudrist, le village de Slimane D.
Propos entendu : *L'Algérie, c'est une femme stérile !*

Mardi 23
Départ avec Lounès pour la petite Kabylie.
Discussion avec des jeunes gardiens de parkings : *dans l'islam, il y a des vérités scientifiques par exemple la séparation de l'eau douce et de l'eau de mer.*
Passage à la boutique de Yazzid mais c'est la saison creuse ...
Nombreux villages et, vers le col, une route étroite dont le revêtement est comme un tapis.
Déchargement du fauteuil pour le grand-père de Rachid.

Mercredi 24
Visite du champ d'oliviers (premières pentes du Djurdjura).
Rencontre de Lounès avec Aïssa et leur ami commun.
Virée vers le village de Aïn-Bessem. (photos des anciens édifices)
Réflexion entendue : *La situation empire car il y a sape !*
Au-revoir de Lounès au grand-père de Rachid qui approuve sa détermination de vivre en France.

Jeudi 25
Séjour à Bouira et balade vers Hamiz (ex-bastion du FIS)
On m'explique que le pouvoir endort toute revendication en satisfaisant le peuple (par exemple en fixant le très bas prix du pain).

Vendredi 26
Sagesse kabyle : *Chacun sait comment enterrer sa mère.*
Nouvelle passion de Y et L (le Scrabble) mais jalousie de Élias malgré un nouveau jouet (une caille en cage !)
Constat : s'afficher à la mosquée est aussi un devoir social pour les notables.
Promenade dans le Parc naturel de Djurdjura bientôt défiguré par les très grands pylônes d'une ligne haute tension...
Très peu d'enfants : les gens sont désabusés et scotchés devant leurs

télés ; ils ne pensent même pas au bien-être d'une balade.
Témoignage de l'oncle : une vie d'immigré négative à 95%. Inquiétude pour ceux qui partent au Canada.
Constat qu'à Bouira, la nouvelle signalisation est uniquement en arabe.

<u>Samedi 27</u>
Nouveau départ pour Bordj Bou-Arreridj.
Gare de Bouira (identique à 1960). Un seul train à 8h15, s'il est à l'heure !
Bus à 8h ponctuel et confortable !
Passage des Portes de fer ; grosses entreprises avant BBA.
Dans la famille de Lyès, accueil traditionnel (lait caillé et dattes)
Parents et enfants amoureux des livres.
Évocation de la vie à Rennes.
Rencontre improbable avec un contact facebook.
Discussion sur le statut des médecins algériens en France : *À compétence et à responsabilité égales, salaire égal réclamé !*
Retour à Bouira et inquiétude de mon hôte car le Bus s'arrête avant la station.
Repas copieux pour moi, Aïssa se contentant de son régime-vapeur.

<u>Dimanche 28</u>
Bus pour Tizi Ouzou (près de 2 heures).
Après l'achat de chaussures de marche, départ pour une randonnée.
Point de départ : Station des fourgons à Beni-Douala.
Au village de Taguemount, photo du portrait du poète Abrous.
À Tizi-Hibel, invitation à boire un café par la maman de Malika D.
Descente jusqu'à Tagragra et retour par Taguemount.
À l'écart du village : ancienne caserne du "Piton" et cellules (de 1957 ?)

<u>Lundi 29</u>
Départ tôt pour le SILA sous une pluie à verse.
Achat en gare d'El Watan avec en couverture : *SILA reporté au 31 octobre !*
Retour au studio. De nombreuses rues inondées.

<u>Mardi 30</u>
Départ pour Tigzirt avec Saïd et Arezki B.
Découverte du nouveau port de pêche.
Sur la route de Makouda, évocation des exécutions.
Retour pour 15h à l'association AJIE. Montage-Vidéo par Boualem ; Mot de Mme Lamrous ; Remise de cadeaux : trop c'est trop !

Mercredi 31
Réveillé par un SMS : départ pour le Salon du Livre d'Alger.
Constat que les différents quartiers ont gardé leur nom *français*.
Passage par la Bibliothèque des Glycines où il y a de vrais trésors.
Copies dont ***L'Élu*** un inédit de Tahar DJAOUT laissé à Sœur Chantal.
Trop d'officiels à l'entrée du SILA : accès refusé !
Trop de monde aussi pour le retour à Tizi : Ziad et moi devons voyager séparément !

Jeudi 1er novembre
Pluie, pluie, pluie... Première éclaircie vers 10h30.
Repas au restaurant *L'Égyptien* tenu par sept frères dont l'ami Tarik.
La pluie ne cesse pas : je tente de partir à plusieurs reprises sans succès et j'ajoute café, fanta, tisane... Départ enfin vers 17h.
À la télévision divertissement interrompu par la prière en direct. (J'espère que ce n'est pas pour demander la pluie !)

Vendredi 2
Longue attente de Lounès.
Mise au point pour le financement du retour : moitié moitié.
Heureuse surprise : participation de son neveu Idir à notre escapade au sud.
Gigantesque viaduc en construction avant Draâ-el-Mizan.
Autoroute : on avale les kilomètres !
Bou-Saâda : jolie mosquée et Moulin Ferrero devenu une décharge !
Décision de continuer jusqu'à Biskra.
Nuit à l'Hôtel El Mansour *(Le Chanceux)*.
Au resto, plats correctement présentés mais sans aucun goût !
Cafés fermés dès 21h.

Samedi 3
Longues recherches pour acheter des dattes.
Allons à Tolga... plus loin que prévu !
Passage par El-Kantara (une mythique porte vers le Sahara).
Puis Timgad : dommage le site archéologique est fermé le samedi.
Ruines romaines de Lambèse (Tazoult).
Retour par Batna où nous trouvons, comme hôtel, le *Dortoir Hadj-Salah*.
Discussion au restaurant avec un érudit qui a une vision manichéenne du monde : selon lui, nous sommes tous victimes de manipulations !
"Heureux ceux qui ne savent pas..." d'où cette vision élitiste de la société : il ne faut pas tout dire au peuple !
Match Lyon-Valencienne dans un café mais c'est très désagréable car c'est un fumoir !

Dimanche 4
Retour vers le nord en passant par Bir Haddada (*Colbert* où le cousin Jean était cantinier), Sétif (une ville plutôt moderne), le Medracen (toujours en travaux !), les gorges de Kherrata, et l'interminable route de Barbacha.
Arrivée chez Belaïd à Igzher-Amokrane à la tombée de la nuit.
Malgré l'invitation, Lounès et Idir décident de rentrer chez eux.

Lundi 5
Nouvelle visite à Ifri (en mémoire de Abane Ramdane).
Au village, découverte de la cité *De Gaulle*.
Retour à Tizi-Ouzou en bus via Azazga.

Mardi 6
Nouveau départ pour le SILA avec Lounès et son neveu Lyès.
Impressionné par des pyramides de livres dont *J'attends un enfant*.
Et par des rayonnages entiers de livres religieux.
Rencontre avec Lucienne DELILLE *(Le moineau et l'hirondelle.)*

Mercredi 7
Retour réservé pour moi par bateau le 12 novembre ! (Et Lounès ?)
J'ai encore 5 jours devant moi.
Promenade au barrage de Taksebt avec Arezki B. et Ahmed L.

Jeudi 8
Virée jusqu'à Aït el Kaïd (village en sursis) avec Hamid A.
Photos à Thamda Ousserghi et, en cadeau, *Déflagrations de jeunesse*.

Vendredi 9, Samedi 10 et Dimanche 11
Je sillonne Tizi-Ouzou et j'y fais encore des découvertes : la Résidence Ifri, le cimetière chrétien, le Mémorial dédié aux Journalistes assassinés par les terroristes intégristes entre 1993 et 1997.

Lundi 12 et Mardi 13 novembre
Adieu Alger : je suis sur le *Tariq Ibn Ziyad*. de Algérie-Ferries.
Arrivée tardive à Marseille. Dernier train pour Paris.
Quelques heures de sommeil !*
Voyage Montparnasse-Rennes par le 1er TGV du 14.

* Lire la Nouvelle "*Farid de Béjaïa.*"
dans mon recueil : "*Algérie : des histoires... presque vraies !*"

À MOULOUD FERAOUN
(double acrostiche)

<u>*À MOULOUD FERAOUN*</u>

```
Auteur              -        cleF
Maître       du          rétrO
Ouvrier               assidU
Unique   instituteuR
Louable            dactylO
Observateur           émU
Utopiste   impartiaL
Défenseur    du      duO
Fugace        flambeaU
Etoile   pour   MyriaM
Relais          kabylE
Acteur          humaiN
Obscur    médiateuR
Ultime         alinéA
Naïf        gaillarD
```

FOUROULOU MENRAD

GéLamBre 2002

Kamilia* et son frère.

KAMILIA, SAIS-TU JOUER À CACHE-CACHE ?

OBTIENS QUE QUELQUES-UNS PARTICIPENT.

ADJURE-LEUR DE BIEN SE CACHER.

RÉCITE TES NOMBRES JUSQU'À 100.

ENSUITE CHERCHE-LES SANS RENONCER !

SOULÈVE LES BRANCHES DU FIGUIER.

FURÈTE DANS LES RECOINS SANS T'ÉLOIGNER.

TROUVE LE PREMIER : QUI EST-CE ?

À vous de trouver le prénom de son frère (Regardez verticalement !)

En souvenir des jeux de la nièce de Akli, emportée par la maladie.

Réponse :

| A | B | D | É | N | O | U | R |

SALAM, HICHAM.

SALUT, HICHAM !
APPRENDS VITE À ÉCRIRE :
LA LECTURE EST UN PLAISIR.
À L'ÉCOLE, SOIS TOUT SOURIRE,
MALGRÉ LES PETITS DRAMES !

HICHAM, FÉLICITATIONS !
IMPOSSIBLE DE T'ÉCHAPPER :
CE MOUTON EST BIEN RENTRÉ.
HÉLAS, LA HAIE A TROP POUSSÉ,
ALORS, IL Y A DU BOIS À RANGER.
MERCI À MON PETIT COMPAGNON.

Gérard ; février 2004

ÉLIAZ ET YOHANN

QUI SE CACHE DANS L'IMPASSE ?
C'EST ÉLIAZ !

QUI COURT JUSQU'AU PLATANE ?
C'EST YOHANN !

QUI RÊVE D'UN VRAI PALACE ?
QUI VOUDRAIT UNE CABANE ?

QUI DOIT ESSAYER LES ÉCHASSES ?
QUI VEUT SUIVRE LA CARAVANE ?

QUI PEUT DESSSINER UNE CUIRASSE ?
QUI VA COLORIER LA GROSSE CANE ?

QUI VEUT ALLER DANS L'ESPACE ?
QUI A DÉJÀ PASSÉ LA DOUANE ?

QUI NE RANGE PAS SES PAPERASSES ?
QUI N'AIME PAS BOIRE SA TISANE ?

QUI A INONDÉ LA TERRASSE ?
QUI A MIS LA TÉLÉ EN PANNE ?

ET QUI EST RESTÉ PLACIDE ?
C'EST YAZID !

GéLamBre 2004

Haïku et mot-caché.

Haïku Algérie :

**Soleil de plomb,
Fines gouttelettes de rosée :
Combat inégal !**

**Oiseaux argentés,
Dans ce ciel immaculé :
Sachets noirs !**

Le mot caché :

Un mot de 7 lettres est répété plusieurs fois dans cette grille.
Lequel ?

Combien de fois ?
(au moins, une lettre différente)

```
T I O R O I T
I O R D R O I
O R D N D R O
R D N E N D R
O R D N D R O
I O R D R O I
T I O R O I T
```

Réponses :

E N D R O I T

4 8 fois

Kabylie

Béjaïa et Bouira

Sétif et les Aurès

Alger et Tipaza

Surprises (plus ou moins bonnes !)

L'Algérie est le seul pays au monde

01- L'Algérie est le seul pays au monde où ceux qui s'occupent de la santé du peuple se soignent ailleurs
02- L'Algérie est le seul pays au monde où la langue officielle n'est parlée par aucun citoyen
03- L'Algérie est le seul pays au monde où les gens mettent de la vaisselle dans leurs bibliothèques
04- L'Algérie est le seul pays au monde où c'est le chauffeur de taxi qui choisit où tu vas
05- L'Algérie est le seul pays au monde où la priorité à droite est parfois à droite, parfois à gauche
06- L'Algérie est le seul pays au monde où l'argent volé d'un projet dépasse le montant de celui-ci

Rencontres (Années 2000)

Souvenirs des années 1970

Les années 1970 en couleurs !

L'Algérie dans nos musées :

Références des Tableaux :

BELLANGE Alexandre **Soldats d'infanterie** Paris : Musée de l'Armée	BOUCHOR Joseph-Félix **L'Oasis de Biskra** Nemours
COUTURIER Léon **Dans le Sud-Oranais** Nantes	DAUZATS Adrien **Portes de fer** Versailles : Château
DINET Étienne **Le croissant (de lune)** Angers	FROMENTIN Eugène **Halte près d'Oran** Saintes
GAILLARD Marcel **Mauresque au jardin d'essai** Paris : Musée du Quai-Branly	GUILLAUMET Gustave **Tisseuses à Bou-Saâda** Paris : Musée d'Orsay
HEDOUIN Edmond **Café à Constantine** Narbonne	LAZERGES Paul **Caravane près de Biskra** Nantes
PILS Isidore **Kabyles d'Alger** Chantilly	ZIANI Hocine **Abdelkaker méditant** Marseille : MuCEM

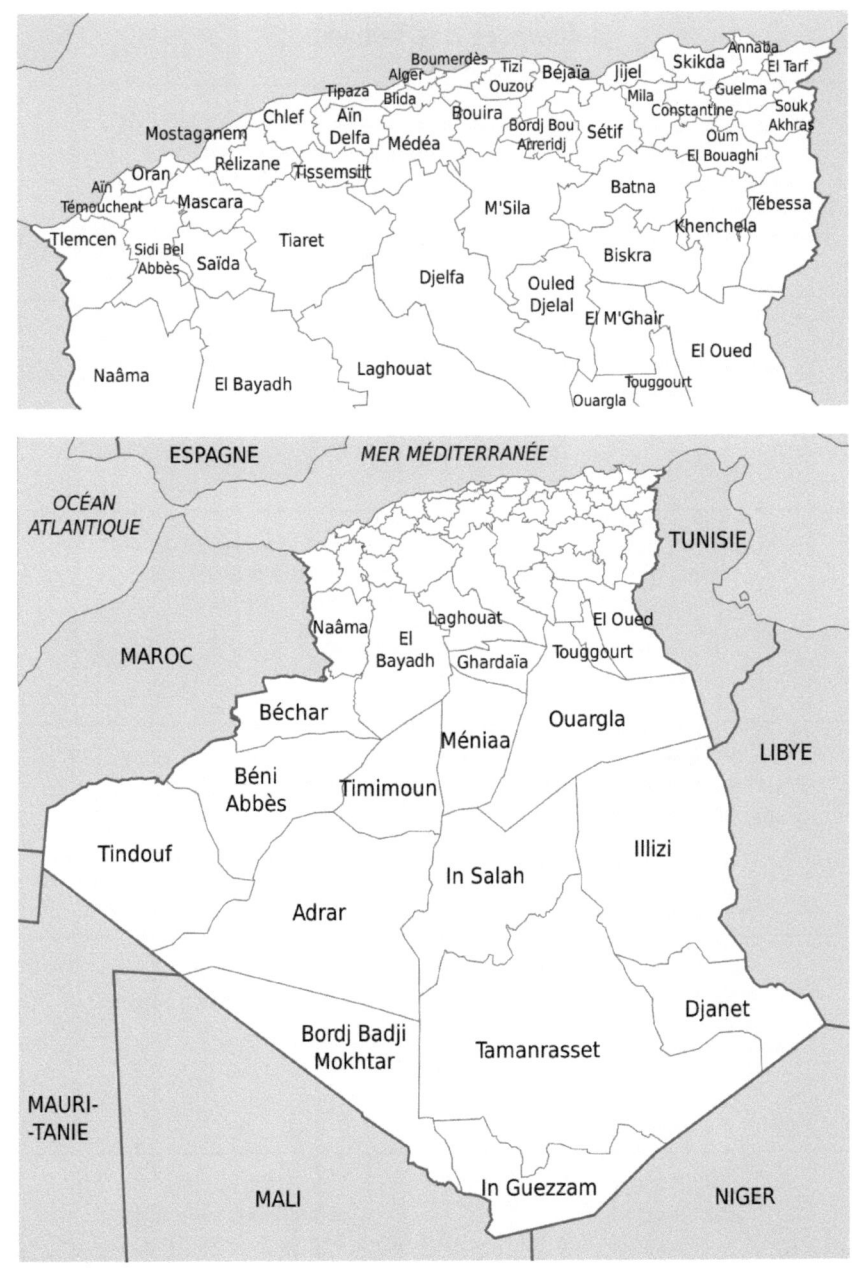

Les 58 Wilayas d'Algérie.

Dans cet ouvrage :

	Page :
Préface de Ali MAMMERI.	8
Présentation par l'Auteur.	11
Retrouvailles (2002)	19
L'Algérie en Acrostiches :	
Lieux	90
Personnes	94
Expériences	103
Réflexions	107
Textes d'Auteur(e)s.	121
Biographie	159
Bonus (Lettres, Notes et Jeux de mots)	171
Albums-Photos	10, 16-18 89, 120 158, 170 200-208
Carte	210

**Impression : BoD - (Books on Demand)
Norderstedt, Allemagne**